SEIBUNSHA 株主総会シリーズ

株主総会
取締役会
監査役
会社機関の
運営と基礎知識

矢野総合法律事務所
弁護士 矢野千秋

清文社

本書の特長

◆体系的な解説でわかりやすさを追求しました

　著者は大学でも会社法の講義を受け持ったことがあるのですが、学生の間でよくいわれる悪口に「会社法は電話帳だ」というものがあります。会社法には項目の間に論理的な関連性がなく、単にアイウエオ順のように項目が羅列されているにすぎない、というほどの意味でしょう。

　でも、本当はそんなことはありません。実は、会社法にはしっかりとした論理的な体系があります。そして各項目はその論理的な体系のうえに組み立てられているのです。ですからこの体系から、加えて言えば体系から導かれるキーワードから理解していけば会社法は決して難しいものでも、ましてやつらいものでもないのです。

　本書は、会社法の施行後、設計が柔軟になった機関についてまとめたものです。この機関を理解するのも同じことです。株主・株主総会は「所有者性」、取締役・取締役会は「受任者性」、監査役・監査役会は「受任者性」と「独立性」というキーワードから理解していけるよう、できるだけ会社法の体系を浮かび上がらせるように説明してみました。また、商法の考え方や機関知識が定着している方がまだ多いことを考慮し、特に必要と思われる箇所については、商法からの変更点やその理由についても触れて理解をはかっています。一読されれば「会社法は電話帳ではない」ことがおわかりいただけると思います。これが本書の第1の特長です。

◆機関について実務での必要性の観点からまとめました

　本書は、主に株主総会や取締役会について説いたものですが、機関の説明、法律用語、議事録などに関して個々に独立してまとめた本は数あるものの、実務の必要性の高いところで1冊にそれらをまとめたものは少ないように思います。例えば議事録など、実務で皆様が必要とされるのはある程度限られた範囲の議事録であり、「〜議事録作成の実務」などが網羅的

に掲載している種々の議事録をすべて必要とされる場合は少ないのではないでしょうか。それならば大方の用が足りる範囲で、機関の説明、法律用語、議事録などを1冊の本でまとめてみるのも意味のあることだと考えました。

　冊数が増えれば購入価格が上がり、頁数が増えれば本の定価が上がります。筆者としては、できるだけ手ごろな価格で、多くの読者の方が、必要な範囲で掲載した1冊の本書を入手していただきたいと考えています。不要不急の内容で定価が高くなったり何冊も購入せねばならないようでは、一般の皆様のニーズに合わないように思います。

◆条文やムダな図表も排除しました

　これも上記と同じ考え方で、「条文を資料としてつけるのが果たして親切なのか」ということです。もちろん、1冊で条文にあたれる便宜はあるでしょう。しかしそれがすべて本の定価に反映されてしまうとなると、筆者としてはとてもつけることができませんでした。

　これは図表についても同じことです。図表は、理解の助けに資するものです。ならば理解の助けにもならないようなムダな図表については、極力省きました。

　ということで「質的には体系的にわかりやすく、量的には一般の実務に必要な範囲で」という方針で生まれたのが本書です。本書が、複雑な会社法の機関の概要を皆様が理解される助けとなれば、著者の喜びこれにすぐるものはありません。

　最後に本書の編集にあたっては、清文社の編集第三部のみなさんにご尽力いただきました。厚くお礼申し上げます。

2012年3月

矢野総合法律事務所
弁護士　**矢野　千秋**

目 次

本書の特徴

第1章　会社とは何か

第1節　会社とは何か　　3
1　総説　3
2　会社の経済的機能　3

第2節　株式会社の基本的仕組みとその体系　　5
1　総説　5
2　株式会社の2大特質　5
3　会社と株主等の関係　6
4　機関（株主総会、取締役会、監査役等）の基本的役割と権限、相互の関係　7

第3節　会社の機関設計　　10
1　会社の分類　11
　1　大会社、非大会社　10
　2　公開会社、非公開会社（株式譲渡制限会社）　11
2　株式会社の機関設計　12

第2章　株主総会

第1節　株主総会の開催　　17

1　総説　17

- ① 株券電子化　18
  - (1) 意義　18
  - (2) 株主の会社への対抗要件（総株主通知・個別株主通知）　18
  - (3) 発行会社による情報提供請求　18
  - (4) 株主総会運営上の注意　19
- ② 株主総会の日程　19
- ③ 計算関係書類　20
  - (1) 意義　20
  - (2) 計算書類　20
  - (3) 連結計算書類　20

2　権限　21

- ① 法定の権限　21
- ② 定款所定の権限　23

3　招集　24

- ① 招集権者　24
- ② 招集の時期　25
- ③ 招集通知　25
- ④ 招集の場所　27
- ⑤ 株主提案権　27

第2節　議決権　　29

1　1株1議決権の原則　29

1　単元株の制度　30
　　　2　基準日　31
　2　**議決権行使の制限**　31
　　　1　議決権制限株式　31
　　　2　自己株式　31
　　　3　相互保有の株式　31
　3　**議決権の行使方法**　32
　　　1　不統一行使　32
　　　2　代理人による議決権行使　32
　　　3　書面投票制度　34

第3節　議事手続の運営と決議方法　35

　1　**議　事**　35
　2　**議長の選任と権限**　38
　3　**取締役、会計参与、執行役、監査役の説明義務**　38
　　　1　取締役等の説明義務の範囲と説明の程度　39
　　　2　説明を拒絶できる場合　40
　4　**取締役等の出席**　41
　5　**動　議**　41
　6　**決議事項**　43
　　　1　会社の組織・運営の基本に関する事項　43
　　　2　取締役・監査役等の選解任　44
　　　3　その他　44
　7　**決議方法**　46
　　　1　普通決議　48
　　　2　特別決議　49
　　　3　特殊の決議　49

第4節　非取締役会設置会社における株主総会　50

1. 株主総会の決議事項　50
2. 招集通知の発送　50
3. 招集通知の書面性　51
4. 招集通知の記載内容　51
5. 議題提案権　51
6. 計算書類等の添付　51
7. 議決権の不統一行使　51

第5節　総会決議の瑕疵　52

1. 総会決議取消の訴え　52
2. 総会決議無効確認の訴え　54
3. 総会決議不存在確認の訴え　54

第6節　会社関係書類のIT化　56

第7節　株主総会議事録作成　57

1. 作成者、作成時期、作成通数など　57
2. 記載事項　57
   1 記載事項に関する法規定　57
   2 出席状況等の記載　58
   3 報告事項の記載　58
   4 決議事項の審議と議決に関する記載　59
   5 登記申請の添付書類とする場合の留意事項　59

3　署名・押印　　　　　　59
　　4　備え置き　　　　　　　60

第3章　取締役・代表取締役・取締役会

第1節　総説　　　　　　　　　　　　63

第2節　取締役　　　　　　　　　　　66

　1　取締役の資格、員数　　　66
　　① 欠格事由　66
　　② 株主限定の禁止　67
　　③ 取締役と他の地位との兼任　68
　　④ 社外取締役　69
　　⑤ 員数　69
　2　任期　　　70
　3　選任・解任　　　71
　　① 選任　71
　　② 累積投票　73
　　③ 選任の効果　73
　　④ 辞任　73
　　⑤ 解任　74
　　⑥ 取締役の選任退任登記　75
　　⑦ 選任決議取消・無効　75
　　⑧ 欠員の場合の措置　77

第3節　非取締役会設置会社の取締役　　78
1　意　義　　78
2　会社の業務執行機関　　78
3　会社の代表機関　　79

第4節　取締役会　　80
1　取締役会設置会社の取締役の職務権限　　80
2　取締役会の意義　　80
3　取締役会の意思決定権限　　81
- [1] 重要財産の処分・譲受け　　81
- [2] 多額の借財　　82
- [3] 支配人その他の重要な使用人の選任・解任　　84
- [4] 支店その他の重要な組織の設置・変更・廃止　　84
- [5] 募集社債に関する事項の決定　　84
- [6] 内部統制システムの構築　　85
- [7] 定款の定めにもとづく取締役等の責任の一部免除　　89
- [8] 代表取締役の選定・解職　　89
- [9] 株主総会の招集　　89
- [10] 募集株式の発行　　90
- [11] 計算書類等の承認　　91

4　職務執行の監督権限　　92
5　取締役会の招集　　93
- [1] 招集権者　　93
- [2] 招集手続　　93

6　取締役会の決議　　94
- [1] 議　事　　94

- 2 決　議　95
- 3 書面決議（持回決議）、代理人による決議　95
- 4 利害関係人　98
- 5 取締役会決議の瑕疵　99
- 6 取締役会の議事録　99

第5節　代表取締役　102

1 **代表取締役の意義**　102
2 **代表取締役の選定**　102
3 **代表取締役の選定決議の無効**　102
4 **代表取締役の退任**　103
5 **代表取締役の職務権限**　104
- 1 代表権　104
- 2 業務執行権　105

6 **表見代表取締役**　105
- 1 総　説　105
- 2 要　件　106
    - (1) 帰責事由　106
    - (2) 外観の存在　106
    - (3) 保護事由　107

7 **決議にもとづかない行為の効力**　107
8 **専務・常務取締役**　107

第6節　取締役と会社の関係　108

1 **善管注意義務と忠実義務**　108
2 **競業避止義務**　108

1　意　義　108
　　　2　競業取引の範囲　109
　　　　(1)　会社の事業の部類に属する取引　109
　　　　(2)　自己または第三者のため　109
　　　　(3)　競業違反取引の効果　110
　３　自己取引（利益相反取引）の制限　110
　　　1　意　義　110
　　　2　自己取引（利益相反取引）の範囲　110
　　　3　違反した取引の効果　111

第7節　取締役の責任　112

　１　旧法時代の責任原因　112
　　　1　違法配当に関する責任　112
　　　2　株主権の行使に関する利益供与　112
　　　3　他の取締役への金銭貸付　113
　　　4　会社と取締役間の利益相反取引　113
　　　5　法令・定款違反の行為　113
　２　会社法における取締役の責任　113
　　　1　過失責任の原則　113
　　　2　取締役決議に賛成した取締役の責任　114
　　　3　剰余金の配当等に関する責任　114
　　　4　株主の権利行使に関する利益供与に係る責任　115
　　　5　利益相反取引に係る責任　115
　　　6　取締役の競業行為　117
　　　7　任務懈怠責任　117
　３　免　責　117
　　　1　総　説　117

- 2 株主総会決議をもって行う免除　118
- 3 定款の定めにもとづく取締役会決議をもって行う免除　120
- 4 社外取締役等の会社に対する損害賠償責任の限定契約　120

4 責任追及等の訴え（株主代表訴訟）　121

- 1 総　説　121
- 2 提訴権者　121
- 3 却下事由　121
- 4 書面通知義務　122
- 5 原告適格　122
- 6 参　加　123
- 7 和　解　123
- 8 費用等の請求　123

5 取締役の違法行為の差止め　124

第8節　取締役と第三者の関係　125

1 総　説　125
2 第三者の損害　125
3 責任の主体　126

第9節　取締役の報酬、賞与、退職慰労金　127

1 総　説　127
2 報酬の範囲　127
3 賞　与　128
4 使用人兼務取締役の使用人としての給与　128
5 退職慰労金　128
6 報酬の決議方法　129

目次　ix

- ① 通常の報酬　129
- ② 退職慰労金　129

第4章　監査役

第1節　監査役の意義　133

第2節　監査役の資格　134

1　監査役の欠格事由とは　134
2　兼任制限　135
- ① 監査役は子会社の役員または支店長などを兼任できるか　135
- ② 監査役は子会社の監査役になれるか　136
- ③ 監査役は相談役、顧問等を兼任できるか　136
- ④ 顧問弁護士が監査役を兼任できるか　137
- ⑤ 監査役は親会社の取締役になれるか　137
- ⑥ 株主限定　137

第3節　監査役の選任をめぐる法律知識　139

1　監査役は、どのような方法で選任されるか　139
2　監査役は何名必要か　140
3　常勤監査役、社外監査役、補欠監査役　140
4　監査役の任期、非公開会社の監査役の任期　142
5　設立時の監査役の任期、補欠監査役の任期　143
6　定款変更と監査役の任期　143
7　選任決議の取消、無効とは、どんな場合か　144

第4節　監査役の退任をめぐる法律知識　　145

1　監査役は、いつでも辞任できるか　　145
2　どのような辞任のとき損害賠償の責任が生じるのか　　145
3　退任監査役の権利・義務とは、どういうことか　　146
4　辞任した監査役は、会社に対して自己の監査役辞任の変更登記を請求できるか　　146
5　監査役は、いつでも解任できるか　　147
6　どのような解任のとき損害賠償を請求できるか　　147
7　横滑り監査役　　148

第5節　監査役の権限をめぐる法律知識　　149

1　監査役設置会社と監査役の職務権限とは　　149
2　違法性監査と妥当性監査　　149
3　非公開会社の監査役の職務権限　　150
4　大会社の監査役の権限　　151
5　監査役会　　152
　1　監査役の員数等　　152
　2　職務権限　　152
　3　招集、決議　　153

第6節　監査役の業務監査権限とは、どのような権限か　　154

1　事業報告請求権　　154
　1　請求の相手方　　154
　2　請求の時期　　154
　3　請求の範囲　　155

目次　xi

4 報告の方法　　155
　　　5 報告の拒絶　　155
　2 **業務財産調査権**　　155
　　　1 調査の相手方　　155
　　　2 調査の時期　　155
　　　3 調査の範囲　　155
　3 **子会社調査権**　　156
　　　1 事業報告請求権　　156
　　　2 業務財産調査権　　156
　　　3 子会社の報告・調査拒否権　　157
　　　4 子会社の非協力・妨害等　　158
　4 **取締役の違法行為差止請求権**　　158
　5 **各種の提訴権**　　159
　　　1 監査役が会社を代表してなす場合　　159
　　　2 訴訟提起権　　159
　6 **監査役の任免に関する意見陳述権**　　159
　7 **会計監査人の選任・解任に関与する権利**　　160

第7節　監査役の職務・義務とは、どのようなものか　161

　1 **善管注意義務**　　161
　2 **株主総会への意見報告義務**　　161
　3 **株主総会における説明義務**　　162
　　　1 取締役、監査役等の説明義務、説明の程度　　162
　　　2 説明を拒絶できる場合　　162
　4 **取締役会への報告義務、出席義務および意見陳述義務**　　163
　5 **監査報告書の作成義務**　　164
　　　1 監査役設置会社の監査報告　　164

2　監査役会設置会社の監査報告　　164

第8節　監査役の会社に対する責任　165

　1　任務懈怠責任　165
　2　責任の一部免除制度　165
　3　社外監査役の責任限定契約　166
　4　責任追及等の訴え（株主代表訴訟）　167

第9節　監査役の第三者に対する責任　169

第10節　監査役の報酬、賞与、退職慰労金　170

　1　監査役の報酬等　170
　2　通常の報酬の決議方法　170
　3　退職慰労金の決議方法　170

第5章　会計参与、会計監査人

第1節　会計参与　175

　1　資　格　175
　2　選任等　175
　　1　選解任　175
　　2　任　期　176
　3　職務と責任　177
　　1　職　務　177

2 責 任　177

第2節　会計監査人　179

　　1　資 格　179
　　2　選任等　179
　　　1 選 任　179
　　　2 任 期　180
　　　3 終 任　180
　　3　職 務　181
　　4　責 任　182

◆議事録記載例

記載例1	委任状	33
記載例2	株主総会議事録	35
記載例3	事前質問に対する一括回答	40
記載例4	出席した取締役、監査役等の氏名	41
記載例5	議案提案権（動議）①	42
記載例6	議案提案権（動議）②	43
記載例7	議案提案権（動議）③	43
記載例8	定款一部変更の件	43
記載例9	取締役○名選任の件	44
記載例10	監査役○名選任の件	44
記載例11	計算書類の承認の件	45
記載例12	剰余金の処分の件	45
記載例13	取締役および監査役の報酬額改定の件	45
記載例14	退任取締役および退任監査役に対し退職慰労金贈呈の件	46
記載例15	報告事項の報告	46
記載例16	書面決議	47
記載例17	書面報告	48
記載例18	就任承諾書	48
記載例19	議長の開会宣言	57
記載例20	議長の閉会宣言と閉会時刻	58
記載例21	議決権個数の報告	58
記載例22	監査役の報告	59
記載例23	議事録の作成に係る職務を行った取締役の氏名	60
記載例24	重要な財産の処分・譲受け	82
記載例25	多額の借財	83
記載例26	支配人その他の重要な使用人の選任・解任	84
記載例27	支店その他の重要な組織の設置・変更・廃止	84
記載例28	内部統制システムの構築	86
記載例29	代表取締役選定の件	89
記載例30	第○回　定時株主総会招集の件	90

目次　xv

記載例31	時価発行公募の場合	91
記載例32	計算書類等の提出および業績開示の承認	91
記載例33	報告事項	92
記載例34	書面による取締役会議事録	96
記載例35	書面による報告についての取締役会議事録	97
記載例36	取締役の自己取引承認の件	98
記載例37	取締役の競業取引の承認の件	98
記載例38	取締役会議事録	100

---凡例---

会	会社法
規	会社法施行規則
計規	会社法計算規則
商	商法
商特	株式会社の監査等に関する商法の特例に関する法律
商登	商法登記法
振替法	社債・株式等の振替に関する法律

第 **1** 章

会社とは何か

第1節 会社とは何か

1 総説

　企業とは営利を目的とする個人または組織を指し、企業形態は個人企業と共同企業[*1-1]に分けられる。共同企業は個人企業よりも多数の資本と労力を結集できることから、より効率的に多くの利益を追求して個人に帰する利益を大きくすることが可能であり、万一損失を被った場合にも多数の者で損失を分担でき、各人が被る損失を軽減できるというメリットがある。
　しかし、共同企業の場合には複数の者が関与するため、個人企業と異なり特殊な法の規制が必要となる。また、企業は営利を目的としているので、民法の法人のような団体一般に関する法規とは異なった法の規制が必要である。なぜなら、利益の追求のためには往々にして他者を犠牲にすることが起こりうるからである。
　この共同企業の代表が会社であり、それを規制するものが会社法である。

*1-1　共同企業とは、複数人の資本と労力が集まって経営されている企業形態をいう。これに対して個人企業とは、一個人の資本と労力によって経営されるものを指す。

2 会社の経済的機能

　個人企業は一個人の資本と労力によって経営されており、個人の自由な意思決定によって経営が行えるが、その資本や労力には限度があるし、またそのリスクも個人で負担せねばならず、大規模事業の経営には適さない。
　これに対して共同企業、とりわけ会社の場合には、多数の者の資本と労

力を結集できるし、リスクも分担できる。優れた品質の商品やサービスの提供も可能となり、利益につなげていくことができる。また会社の場合には、社員の変動と無関係に会社は存続できるので、企業の永続性も保つことができる。優れた品質の物を永続的に市場に供給し、優れた労働市場の提供も可能となるなど、公益的な色彩さえ帯びることになる。そして大規模企業であれば経済変動に対する耐性も強く、企業の最大の損失である倒産の可能性さえも低くなる。

　企業とは営利を目的とする個人または組織であるから、以上のことから大規模企業こそ営利という目的によりよく適合するものといえる。したがって、大規模事業の経営は会社とりわけ株式会社でなければならないし、逆にいえば会社法は大規模な株式会社に適するように、さらにいえば株式会社が大規模化し、より大きな利益の追求ができるように、ひいては公益にさえ資するように立法されているべきである。

　しかし、現実の株式会社はこのような大規模なものばかりではない。というよりもその大多数は、本来は有限会社となるべき規模、内容等の会社が形式だけ株式会社となっているようなものであった。そこで会社法は、株式会社と有限会社の両会社類型につき、これらを統合して1つの会社類型すなわち株式会社として規律することとし、あわせて機関設計の規律の柔軟化を図ることにより種々の類型の株式会社を設けた。これに伴って従前の有限会社法は廃止されたが、従前の有限会社法にもとづいてすでに成立している有限会社に対して、会社法ができるだけ不利益を与えることがないように配慮し、あわせて会社法施行後も引き続き従前の規律を維持するためたとえば、「会社法の施行に伴う関係法律の整備等に関する法律」等の経過措置を設けている。

第2節 株式会社の基本的仕組みとその体系

1 総説

　企業規模は、大きいほど利益追求に適している。それをねらって株式会社は、株式の制度により誰でも会社に容易に参加できるようにし、有限責任性により万一の場合の責任を投資限度に限定することにより安心して参加できるようにしている。このように、会社法は容易かつ安心して参加できるようにすることで株式会社が大規模化するように図ったのである。

2 株式会社の2大特質

　株式会社は、社員[*1-2]（株主）の地位が株式と称する細分化された割合的単位の形をとり（株式の制度）、その社員がただ会社に対し各自の有する株式の引受価額を限度とする出資義務を負うだけで（有限責任性）、会社債権者に対しては責任を負わない会社である。したがって、株式の制度と社員の有限責任性が株式会社の最も根本的な2つの特質である。これらの特質によって会社の大規模化を果たさせようというのが株式会社制度の本来的なねらいである。

　そして資本の制度は、株主有限責任のため、株主は会社債権者に対して直接の責任を負わず、その結果、会社債権者に対する担保となるものは会社財産だけなので、会社財産の確保をはかる必要性から、会社法は一定額を資本として定めさせ、会社財産がこの資本額を下回ることを極力防止することにしたものである。ただし、最低資本金制度が廃止されたので、剰余金の分配可能額の算定において純資産額による制限を導入した。すなわ

ち、剰余金の算定方法において、株式会社の純資産額が300万円を下回る場合には、通常の算定方法は適用しないとしている（会458条）。

それゆえ、資本の制度は有限責任性から派生する第二次的な特質であるといえる。

＊1－2　社員とは、一般的には会社従業員をいうが、会社法上は会社という社団の構成員をいい、株式会社においては株主のことである。

3　会社と株主等の関係

　会社は営利社団法人である。すなわち、会社は社員関係により社員（株主）と結合しており（社団性）、会社は自己の名において権利を有し義務を負い（法人性）、会社は営利事業を行ってそれによって得た利益を社員（株主）に分配する（営利性）。つまり、会社は単なる社員の集合ではなく社員から独立した1個の有機的な存在であり、会社自体が自己の意思を有し、かつ行動する能力を有している。したがって会社自体が、会社の債権・債務者に対する直接の相手方当事者となるわけである。

　逆に、このように構成しないと集団の法律関係を効率よくさばくことができない。契約締結一つを例にとってみても、会社を法人と認めないと、社員全員が契約書に記名捺印することにもなる。不可能とはいわないまでも極めて煩雑であることは間違いない。

　そこで、いわば仮想のものとして会社を社員から独立した1個の有機的な存在と認め、自己の名において権利を有し義務を負うことができる法人としたのである（会3条）。

　しかし、会社自体が1個の有機的な存在であって自己の意思を有し、かつ行動する能力を有しているといってみても、それはあくまで集団の法律関係を効率的に処理するための便法である。会社自体に、意思決定をする頭脳や行動するための手足が備わっているわけではない。そこで、会社の組織上一定の地位にあり、すなわち一定の権限を有する自然人のなした意

思決定または行為を、会社のものと認めることにしている。このような、いわば会社の頭脳や手足ともいうべき会社の組織上の存在を「機関」という。

4 機関（株主総会、取締役会、監査役等）の基本的役割と権限、相互の関係

　本来からいえば、株式会社の実質的所有者である株主が企業の支配経営権を有している。これは、個人企業と同じことである。個人企業においては、企業の所有者である個人が企業の経営にあたっている。したがって、株主は企業から生ずる利益の分配を受けるのみならず、企業の経営にも共同して関与できる（会295条1項）。

　しかし、大規模な株式会社においては株主の数が多く、企業との人的関係が薄いため、会社の実質的所有者である株主は自ら経営にあたろうとしないし、多数の株主が日常的に参集することは不可能でもある。さらに、いっさい人的な資質を問うことなく結集させた一般株主には、企業経営の能力もなければ、その意思もないのではなかろうか。株主からいっさいの人的制約を取り払って大衆資本を結集し、企業の大規模化をはかった以上、これはやむをえないことである。

　そこで、大規模な株式会社においては、株主には基本的事項に関する会社の意思決定権と、最小限度の監督是正権を留保して、その他はすべて経営の専門家に委ねることにした。すなわち、株主総会は取締役を選任し、それらが構成する取締役会で業務執行に関する意思決定を行わせ、さらに取締役会が代表取締役を選任して執行および代表を行わせる。これを、所有と経営の分離という。

　そしてこの制度は、大規模な株式会社において、企業の所有者である株主が、本来有する企業の経営権を自己の利益のために合理化したものと考えられる。したがって、株主総会の権限は、一応、法定事項に限られるが、

定款に定めることによりその他の事項をも株主総会の権限に留保することができる（会295条2項）。

以上より、大規模な株式会社においても、株主総会は会社における最高の意思決定機関なのであるが、大部分の株主は配当や株価にしか興味を持たず、自ら議決権を行使することさえまれである。また、会社法は株主に種々の監督是正権を付与して経営陣に対するコントロール権限を与えてはいるが、簡単な議決権さえ行使しない株主がこれらの是正権を行使することを期待するのは難しい。

さらに、取締役会に代表取締役の監督を期待してみても（会362条2項2号）、取締役の大部分が会社の業務担当者であり、または業務担当者であったため、その首長である代表取締役の影響を極めて受けやすい立場にある。

また、監査役も取締役と同様に株主総会で選任されるため、結局、総会多数派に立脚する代表取締役と同一の選任基盤を有することとなり、監査役の候補者さえも代表取締役主導で選ばれることにもなる。

以上をまとめキーワードを当てはめると、本来企業の経営は「所有者」（自分の利益のために権限を行使してよい）たる株主が行うべきである。しかし大規模化すれば経営内容は高度化かつ複雑化し、それと反比例して質が低下する株主に経営の責任を負わせるわけにはいかない。そこで所有者株主は経営の専門家たる取締役を選任し、取締役またはそれが構成する取締役会に経営の意思決定を行わせる。したがって、取締役は所有者株主から委任された「受任者」（会社の利益のために権限を行使せねばならない）である。そして取締役会は、会議体であるので執行に極めて不向きである。そこで、取締役会が執行代表機関である代表取締役を選定する。その代表取締役を監査するのが監査役であり、やはり株主総会で選任される「受任者」（会社の利益のために権限を行使せねばならない）である。しかし、監査役は取締役と選任基盤が共通し、生まれながらに代表取締役の影響を受けやすい。そこで法は、監査役に代表取締役からの「独立性」（権限の行使にあたって代表取締役の影響を受けない）を強固に保障している。

さて、会社法では、大規模な株式会社のみならず、現実のニーズによりよく適合するよう、機関の設置状況により種々の形態の株式会社の類型を設けた。種々の類型を簡明に説明するため、本書では以下の略称を使用する。
① 「公開会社」（会2条5号）に対して、「株式譲渡制限会社」を「非公開会社」
② 「大会社」（同条6号）に対して、「大会社でない株式会社」を「非大会社」
③ 「取締役会設置会社」（同条7号）に対して、「取締役会を設置しない株式会社」を「非取締役会設置会社」
④ 「会計参与設置会社」（同条8号）に対して、「会計参与を設置しない株式会社」を「非会計参与設置会社」
⑤ 「監査役設置会社」（同条9号）に対して、「監査役を設置しない株式会社」を「非監査役設置会社」
⑥ 「監査役会設置会社」（同条10号）に対して、「監査役会を設置しない株式会社」を「非監査役会設置会社」
⑦ 「会計監査人設置会社」（同条11号）に対して、「関係監査人を設置しない株式会社」を「非会計監査人設置会社」

[本書における会社類型の説明]

		略称	左欄の意味
①	公開会社	非公開会社	株式譲渡制度会社
②	大会社	非大会社	大会社ではない株式会社
③	取締役会設置会社	非取締役会設置会社	取締役会を設置しない株式会社
④	会計参与設置会社	非会計参与設置会社	会計参与を設置しない株式会社
⑤	監査役設置会社	非監査役設置会社	監査役を設置しない株式会社
⑥	監査役会設置会社	非監査役会設置会社	監査役会を設置しない株式会社
⑦	会計監査人設置会社	非会計監査人設置会社	会計監査人を設置しない株式会社

第3節 会社の機関設計

1 会社の分類

　会社によって規模が異なり、規模の大きい大会社のほうが法の規制が厳しい。また、公開会社では不特定の者が株式を取得する可能性があるため取締役会が必須とされ、非公開会社より法の規制が厳しい。このように、会社の分類によって法の規制が異なっている。

1 大会社、非大会社

　会社法は、大会社とは、最終事業年度に係る貸借対照表に、資本金として計上した額が5億円以上であるか、または、最終事業年度に係る貸借対照表の負債の部に計上した額の合計額が200億円以上である株式会社をいう（会2条6号）と規定する。これにより旧法（旧商法）時代の中小会社の区別はなくなった。そこで、本書では大会社以外の株式会社を「非大会社」という。

[大会社と非大会社の違い]

	大会社	非大会社
定　義	①資本金5億円以上 　または ②負債総額200億円以上 　である株式会社	①資本金5億円未満 　かつ ②負債総額200億円未満 　である株式会社
会計監査人の設置	必要	任意
決算広告の範囲	貸借対照表と損益計算書	貸借対照表
内部統制システムの構築	決定義務あり	決定義務なし

そして、大会社は会社の規模が大きく、問題が起こった場合には広い範囲の取引先に影響が及ぶ可能性が高い。そこで大会社では、外部の会計のプロである会計監査人を置かなければならない。

2 公開会社、非公開会社（株式譲渡制限会社）

会社法は、公開会社とは、その発行する全部または一部の株式の内容として、譲渡による当該株式の取得について株式会社の承認を要する旨の定款の定めを設けていない株式会社をいうと定義した（会2条5号）。したがって、一部の株式でも譲渡制限がかかっていなければ公開会社なのであるから、閉鎖会社とは株式全部に譲渡制限がかかっている会社ということになる。本書では、閉鎖会社と呼ばず、非公開会社という。

そして、公開会社は1種類でも譲渡制限がかかっていない会社であるから、外部株主が多数になる可能性がある。すなわち、小規模閉鎖的な会社を想定している旧有限会社的な機関設計では不向きであり、したがって公開会社はすべて取締役会を置かなければならない。

[公開会社と非公開会社の違い]

	公開会社	非公開会社
定　義	発行する全部または一部の株式を会社の承認なしに自由に譲渡できる会社	発行する全部の株式について譲渡により取得するには会社の承認を必要とする会社
取締役会の設置	必要	任意
取締役の任期	原則2年以下	原則2年以下 （定款で10年まで伸長できる）
監査役の任期	原則4年	原則4年 （定款で10年まで伸長できる）
取締役・監査役の株主制限	定款で株主に限定不能	定款で株主に限定可能
募集株式の発行決議をする機関	原則として取締役会	原則として株主総会

2 株式会社の機関設計

　会社法は株式会社の機関設計の規律の柔軟化を図ることとし、次に掲げる８つの原則の下で各機関（取締役会、監査役・監査役会、会計参与、会計監査人または三委員会等（指名委員会・監査委員会・報酬委員会、執行役））を任意に設置することができるものとした。

① すべての株式会社には、株主総会のほか、取締役を設置しなければならない。旧有限会社を株式会社の中に吸収したので、この形態が最小限のものとなる。

② 取締役会を設置する場合には、監査役（監査役会を含む）または三委員会等のいずれかを設置しなければならない。取締役会の代表取締役コントロールが効きにくい以上、監査役（監査役会を含む）は必須となる。ただし、非大会社で非公開会社において、会計参与を設置する場合には、この限りでない（会327条2項）。小規模閉鎖的な会社に認められた例外である。

③ 公開会社には、取締役会を設置しなければならない（会327条1項1号）。理由は「1　会社の分類」で述べた。

④ 監査役（監査役会を含む）と三委員会等とをともに設置することはできない（会327条4項）。

⑤ 取締役会を設置しない場合には、監査役会および三委員会等を設置することができない（会327条1項）。

⑥ 会計監査人を設置するには、監査役（監査役会を含む）（会327条3項）または三委員会等（会327条5項）（大会社で公開会社では、監査役会または三委員会等）のいずれかを設置しなければならない。代表取締役より独立性を保障された監査役により会計監査役の独立性を保障し、それにより監査役自体の独立性を強化しようとしたものである。

⑦ 会計監査人を設置しない場合には、三委員会を設置することができ

ない（会327条5項）。
⑧　大会社には、会計監査人を設置しなければならない（会328条1項）。理由は「1　会社の分類」で述べた。

以上より、株式会社の機関設計は、株主総会プラス以下のいずれかを選択することができる。

[株式会社の機関設計]

	非公開	公　開
非大会社	①　取締役 ②　取締役＋監査役 ③　取締役＋監査役＋会計監査人 ④　取締役会＋会計参与 ⑤　取締役会＋監査役 ⑥　取締役会＋監査役会 ⑦　取締役会＋監査役＋会計監査人 ⑧　取締役会＋監査役会＋会計監査人 ⑨　取締役会＋三委員会＋会計監査人	①　取締役会＋監査役 ②　取締役会＋監査役会 ③　取締役会＋監査役＋会計監査人 ④　取締役会＋監査役会＋会計監査人 ⑤　取締役会＋三委員会＋会計監査人
大会社	①　取締役＋監査役＋会計監査人 ②　取締役会＋監査役＋会計監査人 ③　取締役会＋監査役会＋会計監査人 ④　取締役会＋三委員会＋会計監査人	①　取締役会＋監査役会＋会計監査人 ②　取締役会＋三委員会＋会計監査人

＊　以上に各々会計参与を付することが可能である。ただし、非公開・非大会社は④を除く

第 2 章

株主総会

第1節　株主総会の開催

1　総説

　株主総会は、所有者たる株主によって構成される会社意思決定の最高の機関であるから、取締役会を設置しない会社（以下「非取締役会設置会社」という）では、法律に規定する事項および株式会社に関する一切の事項について決議をなし、会社の意思決定をする必要的機関である。取締役会を設置する会社（以下「取締役会設置会社」という）では、会社の合理的運営の観点から、法律に規定する事項および定款で定めた事項のみを決定する必要的機関とされる。その結果、取締役の選解任権は株主総会が持っているものの、取締役の地位は実際上極めて安定し、逆に取締役が株主総会をリードしているのが現状であり、そのうえ、取締役会といっても、取締役の大部分が会社業務の担当者であるため、その首長である社長（代表取締役）の勢力が圧倒的となっている。

　また、株式の制度を採用して株式会社の大規模化をはかったことから、株主と会社との関係は希薄化し、現実の株主総会にはごくわずかの株主が出席して、極めて短時間で終了するなど、いわば形式的に開催されているにすぎず、加えて、大部分の株主は配当される利益等を追求するのみであり、会社経営に関心を持たないので株主総会の形骸化[*2-1]は著しいものがある。

　　*2-1　株主総会の形骸化とは次のような現状を指す。すなわち、大部分の株主が株価などの経済的利益にしか興味を示さず、自ら議決権を行使して会社経営に参加することには関心がなく、総会に出席する一般株主はほんの少数であり、株主総会が形だけで実質のないものになってしまっていることをいう。

1 株券電子化

(1) 意　義

株券の存在を前提として行われてきた株主権の管理を、機構および証券会社等の金融機関に開設された口座において電子的に行うことである（振替制度）。株主にとっても紛失盗難のリスクを防げるし、売買時など株券提出の煩雑さを回避できる。

(2) 株主の会社への対抗要件（総株主通知・個別株主通知）

① 総株主通知

振替機関が、発行会社に対し、基準日等の株主につき、氏名（名称）・住所・当該株主の有する振替株式の銘柄・数等を通知する（振替法151条）。原則、基準日等の時点に、機構・証券会社等の振替口座簿に記録されているものについてなされ、その通知によって株主名簿の記録がなされ、その記録された株主を権利者として取り扱う。

総会の議決権、剰余金配当請求権、株主割当による募集株式の割り当てを受ける権利などの集団的権利行使の場合である。

② 個別株主通知

振替株式では、期中の株主名簿の記録変更はないので、少数株主権等の行使については株主名簿によることはできない。そこで、当該権利を行使する者が証券会社等の口座管理機関を通じて申出を行い、機構から発行会社に個別株主通知がなされてから4週間を経過する日までの間権利行使が認められることになる。

書類閲覧請求権、代表訴訟提起権、総会招集請求権、提案権などの個別的権利行使の場合である。

(3) 発行会社による情報提供請求

会社は正当な理由のあるときは、一定の費用を払うことにより、総株主通知（振替法151条8項）、個別株主通知（同法277条）を請求することが認められている。

⑷ **株主総会運営上の注意**

　本人確認の問題であるが、原則、会社から送付した議決権行使書の持参者を本人とし、代理人が行使者となるときは、委任状（議決権行使書の添付）、委任状に株主の実印＋印鑑証明書などで行う。

2 **株主総会の日程**

① 　3月31日が事業年度末日の会社は、一般的にはこの日が議決権および配当基準日である（会124条1項）。この日から3か月以内に定時株主総会を開かねばならない（会124条2項）。総会の会日は、6月末ころとなる

② 　基準日の翌営業日から3営業日目に、証券保管振替機構から株主名簿管理人が総株主通知を受領して基準日株主を確定する

③ 　4月後半、代表取締役が、計算書類および附属明細書を作成して、監査役および会計監査人へ提出（取締役会開催は任意）（連結計算書類あれば同様に提出）

④ 　4月後半、代表取締役が、事業報告および附属明細書を作成して、監査役へ提出（取締役会開催は任意）

⑤ 　原則、③から4週間以内に、会計監査人は、会計監査人監査報告を、特定監査役および特定取締役に提出（連結分あれば含む）

⑥ 　原則、会計監査人監査報告受領後1週間以内に、事業報告受領後4週間以内に、特定監査役は、監査役会監査報告を、特定取締役および会計監査人に提出

⑦ 　5月中旬、決算取締役会開催（計算書類、事業報告、附属明細書、連結計算書類の承認。定時株主総会の招集事項、総会付議議案決定）

⑧ 　総会会日から2週間前までに総会招集通知発送。計算書類等を本店に5年間備置

⑨ 　6月下旬株主総会開催。取締役会および監査役会開催。決議通知等発送。有価証券報告書提出

⑩ 　通常⑨の翌営業日、配当金支払開始

⑪ 　⑨から2週間以内に変更登記申請

3 計算関係書類

(1) 意　義

　計算関係書類とは、①成立の日における貸借対照表、②各事業年度に係る計算書類およびその附属明細書、③臨時計算書類、④連結計算書類のことをいう（計規2条3項3号）。事業年度末が到来した会社は計算関係書類のうち②および事業報告とその附属明細書を作成せねばならない（会435条2項）。また、大会社かつ有価証券報告書提出会社は、④も作成せねばならない（会444条3項）。

(2) 計算書類

　計算書類とは、①貸借対照表、②損益計算書、③株主資本等変動計算書、④個別注記表である（会435条2項カッコ書、計規59条1項）。

　計算書類および事業報告は、定時株主総会に提出または提供せねばならず、計算書類は総会の承認、事業報告は総会に報告せねばならない（会438条3項）。ただし、会計監査人設置会社で、取締役会の承認を受けた計算書類が法令および定款に従い会社の財産および損益の状況を正しく表示しているものとして会社計算規則第135条で定める要件に該当する場合は、当該計算書類の内容も定時株主総会の報告事項となる（会439条）。

(3) 連結計算書類

　連結計算書類とは、①連結貸借対照表、②連結損益計算書、③連結株主資本等変動計算書、④連結注記表である（計規61条）。

　連結計算書類は、会計監査人設置会社なら作成することができる（会444条1項）。事業末日において大会社かつ有価証券報告書提出会社は、連結計算書類を作成せねばならない（会444条3項）。作成する範囲は、原則すべての子会社が含まれる。

2　権　限

　非取締役会設置会社では、法律に規定する事項および株式会社に関する一切の事項について決議をなすのに対し、取締役会設置会社では、会社の合理的運営の観点から、法律に規定する事項および定款で定めた事項のみを決定する。そして会社法は、株主総会の法定の権限について、株主総会以外の機関が決定できるとする定款の定めは無効であるとした（会295条3項）。従来から解釈で認められていたところを会社法で明文化したものである。

1　法定の権限

　株主総会の権限は、会社の意思決定に関するものに限られる。そして取締役会設置会社ではその意思決定権限も、会社法に規定する事項および定款で定めた事項に限られる（会295条2項）。

　株主総会の法定の決議事項は、会社の組織・運営の基本に関する事項として定款変更（会466条）、事業の譲渡[*2-2]（会467条以下）、資本金の額の減少[*2-3]（会447条1項）、合　併[*2-4]（会783条1項、795条1項、804条1項）、会社分割[*2-5]（会783条1項、795条1項、804条1項）、株式交換[*2-6]（会783条1項、795条1項）、株式移転[*2-7]（会804条1項）、解散[*2-8]（会471条以下）、会社継続[*2-9]（会473条）などがあり、役員等の選解任に関する事項としては　役員等の選解任（会329条1項、339条1項、341条）、監査役の解任（会343条4項）、累積投票により選任された取締役の解任（会342条6項）などがある。前段の行為は会社の組織にかかわることなので組織の実質的所有者の意思を問うべきものとし、後段の行為は所有者が受任者を選解任することにより受任者の権限の正当化の根拠となっているものである。

　そのほかとして計算書類[*2-10]の承認（会438条2項）、剰余金の資本組入[*2-11]（会450条）、事後設立[*2-12]（会467条1項5号）、取締役等の報酬額決定（会361条、387条）などがある。

　これらは、いわば株主の投資行動に対する会社側からの回答にあたって

おり、やはり株主の承認等を必要としたものである。

* 2－2　事業の譲渡とは、単なる個々の財産の譲渡だけではない。該当する企業の得意先やのれんなどを含めた営業目的のために有機的一体となった財産の譲渡のことであり、譲渡人が競業避止義務（同一または隣接する市町村の区域内で譲渡の日から20年間は同一の事業を行わない）を負うことになるものをいう。
* 2－3　資本減少とは、会社の資本の額を減少させることである。資本は会社財産確保の基準であるから、みだりにこれを減少することは許されないが、会社財産が減少している場合に資本を減少して、将来、利益配当が行えるようにするなどの必要性もあるので、厳重な手続きを定めて行えるようにしている。
* 2－4　合併とは、2個以上の会社が契約により1個の会社に合同することをいう。企業の競争力強化、市場占有率拡大などを狙って行われる。
* 2－5　会社分割とは、1個の会社を2個以上の会社に分けることをいう。事業部門を独立させて能率向上をはかったり、不振部門を独立させて企業努力を促進させたりする場合に用いられる。
* 2－6　株式交換とは、他の会社と株式を交換することにより完全親子会社を創設する手続きのことをいう。株式交換の効力が生ずると、完全子会社となる会社の株主は完全親会社となる会社の株主となり、完全親会社となる会社は、完全子会社となる会社の発行済株式のすべてを取得することになる。
* 2－7　株式移転とは、株式を移転することにより完全親会社を設立する手続きである。株式移転においては、完全子会社となる会社の株式が、設立される完全親会社に移転し、完全子会社の株主であった者は完全親会社の株主となる。
* 2－8　会社は株主総会の決議等により、解散すなわち法人格が消滅する原因が生じたことになり、その後、法律関係の事後処理の手続き（清算）を行うことになる。この清算の終了により法人格が消滅する。
* 2－9　会社継続とは、いったん解散しても、会社が欲すれば他人の利益を害さない限り解散以前の状態に復帰できることをいう。
* 2－10　計算書類とは、貸借対照表、損益計算書その他株式会社の財産および損益の状況を示すために必要かつ適当なものとして法務省令で定めるものをいう。法務省令で定めるものは株主資本等変動計算書および個別注記表である（計算省令32条）。これらは監査役設置会社では監査役、会計監査人設置会社では監査役および会計監査人の監査を受け、さらに取締役会設置会社では取締役会の承認を受けなければならない。それらを経た後、定時総会に提出して、その承認を得なければならない。

　　ただし、会計監査人設置会社では取締役会の承認を受けた計算書類につき、

会計監査人および監査役の適法意見があったときは、株主総会の承認は不要で、その内容の報告だけで足りる（会439条）。
　＊2－11　剰余金の資本組入とは、会社に剰余金が生じたときも、これを必ずしも株主に配当しなければならないものではなく、将来に備えて剰余金を資本に組み入れることもできるが、この組入れのことを指す。
　＊2－12　事後設立とは、会社がその設立後2年以内に、その成立前から存在する財産で事業のために継続して使用するものを、純資産の5分の1を超える対価で取得する契約である。株主総会の特別決議が必要とされるが、会社法では検査役の調査は不要となった。

2 定款所定の権限

　取締役会設置会社の場合、株主総会の権限が法律および定款に規定したところに限定される。そこでどこまで定款に定めることが許されるかが問題となる。旧法でも法定の事項以外について定款にあらかじめ規定すれば、株主総会の権限に属させることができるとしていた。とはいっても株主総会の性質上、その権限に属せしめ得ないものが許されないことは当然である。したがって、よく問題とされるところであるが、取締役会の決議事項を定款で株主総会の決議事項とさせることも、当該事項の本質、強行法規＊2－13、または株式会社の本質に反さない限り可能である。なぜならば、株主総会は会社の実質的所有者である株主によって構成される株式会社の最高の意思決定機関である。その決議事項を原則として法定のものに限ったのは、単に会社の合理的運営の見地から、そのほうが一般的には株主の利益に合致すると法が考えた、いわば政策的な理由からにすぎない。そうであれば、株主総会が本来有したはずの権限を、定款によりその権限とすることを禁ずる理由はないからである。ただ、株主総会招集の決定を株主総会の権限にしたりすることは背理であるし、取締役会の決議事項すべてを株主総会の権限に移すようなことは取締役会の業務執行権限を奪ってしまうことになるので許されない。
　＊2－13　強行法規とは、当事者の意思にかかわらず適用される法規をいう。これに対して当事者の意思により排除できる法規を任意法規という。

第1節　株主総会の開催

3 招　集

1　招集権者

　株主総会は、非取締役会設置会社では取締役が招集の決定を行い、取締役が招集する。取締役会設置会社においては取締役会の決議で招集の決定をし、代表取締役が招集をする。招集をするには、株主総会の日時および場所、株主総会の目的である事項、株主総会に出席しない株主が書面（電磁的方法）によって議決権を行使することができることとするときはその旨などを決定して、株主総会を招集する（会298条1項）。

　また、株主による株主総会の招集請求権について、会社法は、総株主の議決権の100分の3（これを下回る割合を定款で定めた場合にあっては、その割合）以上の議決権を6か月（これを下回る期間を定款で定めた場合にあっては、その期間）前から引き続き有する株主は、取締役に対し、株主総会の目的である事項（当該株主が議決権を行使することができる事項に限る）および招集の理由を示して、株主総会の招集を請求することができるとしている（会297条1項）。6か月という株式保有期間については、非公開会社については適用しない（会297条2項）。非公開会社では株式の譲渡に制限が加えられているから、抜け駆け的な株式取得および権限の乱用を保有期間要件で制限する必要性が乏しいからである。

　さらに、株主が総会招集を請求したにもかかわらず、請求後遅滞なく招集手続が行われない場合または請求の日から8週間（これを下回る期間を定款で定めた場合にあっては、その期間）以内の日を株主総会の日とする株主総会の招集通知が発せられない場合には、裁判所の許可を得て、請求をした株主が株主総会を招集することができる（会297条4項）とする。会社法は、8週間という期間を定款により短縮することを認めている点が旧法と異なる。

　上記のように、株主総会は招集権限のあるものが株主を招集して開かれるのが原則であるが、株主の全員が同意している場合は、招集手続を経る

ことなく開催することができる（会300条）。会社法が招集権者による招集と、厳格な招集手続を定めているのは、全株主に決議に参加するための準備の機会を与え、かつ議決権行使の機会を保証しようとしたためであり、株主全員が同意しているのであれば、あえて招集手続を要求する理由がないからである。

2 招集の時期

株主総会は毎事業年度の終了後一定の時期に定時に開催されることが必要であり（会296条1項）、これを定時総会という。また、必要がある場合にはいつでも開催することができ（会296条2項）、これを臨時総会という。この2つの総会の間に権限の差異はない。そして定時総会は計算書類の承認のために招集される株主総会であるが、別段それ以外の事項を決議しても差し支えない。毎事業年度終了後の一定の時期については法定されていない。しかし、基準日が権利行使日の3か月以内とされている（会124条2項）関係上、定時総会は決算期後3か月以内に開かれることになる。

3 招集通知[*2-14]

株主総会を招集するには、取締役は、株主総会の日の2週間（書面または電磁的方法による議決権行使を認めない限り、非公開会社にあっては1週間（その会社が非取締役会設置会社である場合において、これを下回る期間を定款で定めた場合にあっては、その期間））前までに、株主に対してその通知を発しなければならないし、書面または電磁的方法による議決権行使を認める場合および取締役会設置会社は、招集通知は書面によらなければならない（会299条1項、2項）。非公開会社では株主数も限られているし、また同質の株主が多いであろうことから、会社の便宜を優先して1週間に短縮したものである。

その通知には株主総会の日時および場所、株主総会の目的である事項、株主総会に出席しない株主が書面（電磁的方法）によって議決権を行使することができることとするときはその旨などを記載しなければならない（会299条4項）。

開催の日時、場所、株主総会の目的である事項等を記載した招集通知を、株主に対して会日の2週間前までに発送することを要するとしたのは、株主に総会への出席の機会と議決権行使の準備をさせるためである。そして発送日と会日の間に正味2週間（非公開会社にあっては1週間）を要求したのは、所有者株主に準備の余裕と出席の機会を広く保証しようとしたものである。日時は、たとえば6月26日午前10時などとされ、株主総会の目的である事項すなわち議題は決議事項が何であるかを知ることができる程度の記載で足り、詳細な内容自体、すなわち議案の要領まで記載する必要はない。ただし、書面による議決権行使等を認める場合には、招集通知に際して、議決権の行使について参考となるべき事項を記載した書類、すなわち株主総会参考書類を交付しなければならない（会301条、302条）。

株主総会参考書類には議案（規73条）を記載せねばならず、計算関係書類の承認に関する議案（規85条）、取締役の選任に関する議案（規74条）、会計参与の選任に関する議案（規75条）、監査役の選任に関する議案（規76条）、会計監査人の選任に関する議案（規77条）、取締役の報酬等に関する議案（規82条）、会計参与の報酬等に関する議案（規83条）、監査役の報酬等に関する議案（規84条）、などの記載が必要である。また、取締役が提出するすべての議案について「提案の理由」を記載事項とした（規73条1項2号）。

また、会社は、株主の個別の承諾を得て、株主総会の招集通知を電磁的方法を利用して行うことが可能である（会299条3項）が、この場合、承諾をした株主に対する通知に際しては、株主に対し、議決権行使書面に記載すべき事項を電磁的方法により提供しなければならない（会302条3項）。

さらに、その前提として、すべての会社において書面投票が認められている（会298条1項3号）。なお、議決権を行使できる株主数が1,000人以上の会社は書面投票が強制である（会298条2項）。

* 2-14　取締役会設置会社の株主総会の招集通知は書面であることが要求されているが、その書面のことをいう。こうした会社では実質的にも所有と経営が分

離している場合が多く、所有者株主に書面で確実に通知することにより、議決権行使の機会を保証しようとするものである。これに対して取締役会の招集通知には書面を要求していない。受任者取締役は、たとえ口頭で通知されても注意を払って対処するべきであると考えたためである。

4 招集の場所

商法では、株主総会の招集地は、定款に別段の定めがある場合を除き、本店所在地またはこれに隣接する地[*2-15]と規定し、取締役が恣意的に招集地を指定することを防止し、株主の総会出席権を実質的に担保するために株主総会の招集地についての制限を設けていた（商233条）。しかし、交通機関の発達した今日においては株主の総会出席権が害されるおそれは少なく、あえて招集地を限定する意義は乏しい。そこで、会社法は、株主総会の招集地についてこのような制限を廃止し、株主総会の招集地を自由に決めることを認めた。

> *2-15　隣接地とは、通常は隣り合う地域のことであるが、商法の場合は最小独立行政区画を指している。市長や町長などが選出されている最小単位のことである。

5 株主提案権

非取締役会設置会社の株主は何らの制限なく取締役に対し一定の事項を株主総会の目的とすることを請求でき、株主総会の日の8週間（定款によりこの期間を短縮することができる）前までにその提出する議案の要領を株主に通知することを請求することができる（会303条1項、305条1項）。取締役会設置会社の株主は、6か月前より引き続き総株主の議決権の100分の1以上または300個以上の議決権を有する株主は、代表取締役に対して、株主総会の日の8週間前までに、第1に、会社が招集する総会において一定の事項を会議の目的とすること（会303条2項）、第2に、その提出する議案の要領を株主に通知することを請求することができる（会305条2項）。これを、株主の提案権という。提案権を行使できる事項は総会決議事項に限られるし、議案が法令もしくは定款に違反する場合、または実質的に同

一の議案が過去3年内の総会において議決権の10分の1以上の賛成を得られなかったときは、その行使は許されない。

　旧法では、この8週間という株主提案権の行使期限を定款で短縮することは認められていなかった（商232条ノ2第1項、2項）。しかし、株主提案権の行使期限の短縮は、株主の権利行使の機会を拡充するものであることから、会社法は、株主総会の議題および議案[*2-16]に関する株主提案権に関し、取締役会設置会社については、原則として商法と同じく株主総会の会日より8週間前の行使を要求するが、定款によりこの期間を短縮することができるとした（会303条2項、305条1項）。

　非取締役会設置会社については、株主総会の議題提案権の行使期限は特に定めていない。また株主による株主総会当日の議案提案権を、明文で規定した（会304条1項）。

> ＊2-16　議案とは会議で討議するために提出する案をいう。たとえば、誰々を取締役に選任する件などがそれである。一方、議題とは会議で討議する問題をいう。たとえば、取締役選任の件などがそれにあたる。

第2節　議決権

　議決権とは、株主総会に出席してその決議に加わる権利のことである。議決権は株主の地位に伴なう権利であるから、議決権だけを分離して譲渡したり、株主以外の者が議決権を行使したりすることは許されない。そして取締役会設置会社においては、経営の合理化の観点から、企業の所有と経営が制度的に分離され、実質的に企業の所有者である株主が会社経営に参加する場合は極めて限られている。したがって、所有者株主の意思を会社経営に反映させる数少ない機会である議決権の行使は十分に保証される必要がある。

1　1株1議決権の原則

　議決権の個数は、資本的な株式会社の性質上、1株について1個である（会308条1項）。これを1株1議決権の原則という。ただし、1単元の株式の数を定めた場合には1単元の株式につき1個の議決権となる（会308条12項但書）。

　通常の団体における議決権は、個人の平等の見地から頭数が基準となる。しかし株式会社においては、社員の地位から個人的色彩を払拭しており（株式の制度）、社員の地位を株式に細分化しているため、その内容は1株につき均等である（株主平等の原則）。そこで株式会社においては、平等の基準が頭数ではなく1株になり、議決権も1株について1個となるわけである。ただし、この原則にはいくつかの例外が認められている。下記の議決権が制限されている場合や、単元株制度を採用する会社の単元未満株式などである。さらに会社法は株主平等の原則の例外として、非公開会社について人的属性にもとづいて株主の権利内容に差を設けることを許容した

（会109条2項）。したがって、このような会社が定款で頭数に比例して議決権を認めるような場合には、1株1議決権の原則の例外となる。

1 単元株の制度

単元株の制度とは、会社が市場での株価動向、株主管理費用等を考慮して、議決権を与える株式数を定款で決めることを認め（会188条）、1単元の株式数に満たない数の株式について議決権を有さないとする制度である（会308条1項但書）。これにより、株価の低い会社が株式併合をせずには同様の効果を上げることができ、株価の高い会社が株式分割を行いながら分割割合を1単元とすれば、株主管理費用を増大させることなく株価の割り負け状態を解消できる。

1単元の株式数は、1,000株を超えることができない（会188条2項）。あまりにも大きく1単元の株式数を設定すれば、株主の議決権を不当に奪うことになるのからである。そして1,000株に「発行済み株式総数の200分の1に当たる数」をさらに加える改正をした（平成21年改正・規34条）。

1単元の株式数を減少させ、あるいは単元株の制度の採用を廃止するための定款変更は、取締役（取締役会）の決議でできる（会195条）。これらは実質的には株式の分割であり、小さな単元の株式に対して議決権等の権利を付与するものであり、既存の株主になんら不利益を与えるものではないのがその理由である。会社法191条も分割割合が単元株式数以上のときであるから、取締役または取締役会で定款変更可能である。

これに対して、1単元の株式数を増大させるには株主総会の定款変更決議が必要である（会466条）。容易に株式数の増大を許してしまうと議決権が奪われるなど、既存の株主の利益を害するからである。

上記のとおり単元未満株主は議決権を行使できず、単元未満株式の譲渡が一般に比して制約されることがあるので、単元未満株式を有する者は、会社に対して、いつでもその買取りを請求することができるとした（会192条）。

2 基準日

株主名簿の名義書換閉鎖の制度は廃止され、基準日に一本化された。株式会社は、一定の日（基準日）を定めて、基準日において株主名簿に記載され、または記録されている株主（基準日株主）をその権利を行使することができる者と定めることができる（会124条1項）。

2 議決権行使の制限

議決権は株主にとって極めて重要なものであるが、例外的に議決権の行使が制限される場合がある。

1 議決権制限株式

株式会社は、株主総会において議決権を行使することができる事項について異なる定めをした内容の異なる2以上の株式を発行することができる（会108条1項3号）。すなわち無議決権とするものを含め、議決権を行使できる事項を制限する株式（議決権制限株式）が認められ、いかなる事項につき議決権を制限するかは各社が自由に決められる。

2 自己株式

会社が保有する自己株式については、議決権が認められない（会308条2項）。自己株式に議決権を認めると、株主総会で会社の意思が決定される前に、会社が議決権を行使する、すなわち会社が意思を持っていたことになり背理であるし、実際には自己株式の議決権を多数派に有利となるよう行使することにもなり、決議の公正が歪められるおそれがあるからである。

3 相互保有の株式

わが国では会社間の業務提携の促進や、安定株主工作の一環として、会社間の株式相互保有が多い。

しかしこのような相互保有の場合には、甲会社が乙会社の株式を保有することにより乙会社を支配し、その支配する乙会社に、保有する甲会社株

式を甲会社の多数派に有利に行使させるなど、多数派の不当支配の弊害が考えられる。

そこで甲会社が、乙会社の総株主の議決権の4分の1以上の株式を有するとき、その他の事由を通じて甲会社が乙会社の経営を実質的に支配することが可能な関係にあると法務省令で定めるときは、乙会社が保有する甲会社の株式については、議決権を行使することはできない（会308条1項カッコ書、規67条1項）。

3 議決権の行使方法

① 不統一行使

株式が信託されている場合のように実質上の株主と名義上の株主が分かれているときは、実質上の株主の意向に従って名簿上の株主に議決権を行使させる必要がある。このような名簿上の株主には不統一行使を認めざるを得ない。そこで、株主が2個以上の議決権を有する場合はこれを不統一に行使することを認めている（会313条1項）。

しかし、株主が他人のために株式を保有する者でないときまでこうした不統一行使を認める必要はないし、濫用のおそれもある。そのようなときは会社は不統一行使を拒むことができる（会313条3項）。

なお、取締役会設置会社においては、不統一行使をしようとする株主は、株主総会の日の3日前までに、会社に対して不統一行使をする旨とその理由を通知しなければならない（会313条2項）。非取締役会設置会社であれば、事前の通知は不要である。

② 代理人による議決権行使

株主は、株主総会ごとに、代理権を証明する書面を会社に提出して、代理人によってその議決権を行使することができる（会310条1項、2項）（記載例1）。株主自身に常に総会への出席を求めるのは無理であるし、また個性を喪失しているのであれば求める必要もない。そしてこの代理行使に

> **記載例1** 委任状
>
> 委任状
>
> 平成○○年○月○○日
>
> ○○株式会社御中
>
> 株主　東京都○○区○○
> ○丁目○番○号
> ○○株式会社
> 取締役社長○○○○
>
> 　私は、株主○○○○を代理人と定め、次の権限を委任します。
> 1　平成○○年○月○○日開催の○○株式会社第○○回定時株主総会およびその継続会または延会に出席して、会社提出の各議案につき賛成として議決権を行使すること。
> 2　総会における議案、動議の提出ならびに提出された議案、動議について上記1の主旨の範囲で議決権を行使する一切の件。
> 3　復代理人選任の件。

より、所有者株主に広く議決権行使の機会を保証することにもなる（これに対して、取締役には議決権の代理行使は認められない。受任者である以上その取締役本人が信任されているのであり、自由に代理行使を許しては受任者性がないがしろにされるからである）。

　多くの会社では、定款で代理人の資格を株主に限定しているが、そうした定款の規定は、会社法第310条第1項（商239条2項）に反しないかが問題となる。しかし、こうした規定により、会社は株主以外の者に株主総会を混乱させられることを防げるというメリットがあり、こうした合理的理由による相当程度の制限まで会社法第310条第1項（商239条2項）が禁じているものとは解せず、一般的には有効である。ただし、株主総会を混乱させるようなおそれがないとき、すなわち代理人が法人の使用人や実質上の株主であるなどの一定の合理的理由がある場合には、定款の規定の適用が排除されるべきである（最高裁昭和51年12月24日判決）。

3 書面投票制度

　上記のとおり、株主は代理人により議決権を行使させることができるが、必ずしも代理人が株主の意向どおりに議決権を行使する保証はない。そこで、旧法では、議決権を有する株主の数が1,000人以上の大会社について書面投票制度が義務づけられていた（商特21条の2、同21条の3）。しかし、この書面投票制度は多数の株主が存在する会社において、株主総会に出席できない株主にも書面による議決権行使の機会を与えることを目的とするものであり、株主数が1,000人以上の多数に及ぶ会社であれば、大会社であるか否かには関係がない。そこで大会社以外の株式会社であっても、議決権を有する株主（取締役会設置会社においては、当該株主総会の目的事項について議決権を有する株主）数が1,000人以上のものについては、書面投票制度が義務づけられた（会298条2項）。

　書面投票制度を採用することを定めた場合には、取締役は、株主に対し、議決権の行使について参考となるべき事項を記載した書類（株主総会参考書類）および株主が議決権を行使するための書面（議決権行使書面）を交付しなければならない（会301条1項）が、招集通知を電磁的方法により受領することを承諾した株主に対して電磁的方法による通知を発するときは、株主総会参考書類および議決権行使書面の交付に代えて、これらの書類に記載すべき事項を電磁的方法により提供することができる。ただし、株主の請求があったときは、これらの書類を当該株主に交付しなければならない（会301条2項）。

第3節 議事手続の運営と決議方法

1 議事

　株主総会が開かれ、議案が提出され、議事が進められて決議が成立する。議事運営に違法などがあれば株主総会等の決議取消の訴えの事由になるのであるが、会社法は議事の方法については以下を除いて特段の定めは置いていないので、定款の規定または慣習によることになる。ただ、取締役、監査役等の説明義務（会314条）と、議長に議事運営権限を認める旨（会315条）の規定はある。

　株主総会の議事については、法務省令で定めるところにより議事録（記載例2）を作成しなければならず（会318条1項）、株主総会の日から本店には議事録を10年間、支店には写しを5年間、備え置かなければならない（会315条2項、3項）。そして株主および債権者は営業時間内であればいつでも、親会社社員は権利を行使するため必要があるときは裁判所の許可を得て、議事録の閲覧謄写の請求ができる（会315条4項5項）。

記載例2　株主総会議事録

```
                △△株式会社　第○○回　定時株主総会議事録
1  日時：　平成○年○月○日（○曜日）午前10時
2  場所：　当社本店会議室
3  出席株主数およびその議決権数など
    総株主数（平成○年○月○日現在）        ○○○名
    発行済株式総数（平成○年○月○日現在）   ○○○株
    議決権を有する株主数                    ○○○名
    その議決権数（1単元○○株）             ○○○個
```

出席株主数（委任状提出による代理出席を含む）　○○○名
　　　その議決権数　　　　　　　　　　　　　　　　○○○個
　　　書面による議決権行使株主数　　　　　　　　　○○○名
　　　その議決権数　　　　　　　　　　　　　　　　○○○個
　　　出席株主の議決権数の合計　　　　　　　　　　○○○個
4　議長　代表取締役　□□□□（定款の規定による）
5　出席取締役および出席監査役
　　出席取締役：代表取締役　□□□□、専務取締役　□□□□、常務取締役　□□□□、取締役　□□□□、取締役　□□□□及び取締役　□□□□
　　出席監査役：常勤監査役　□□□□、監査役　□□□□、監査役　□□□□
6　議事の経過の要領およびその結果
　　定刻、定款第○○条の規定に基づき代表取締役□□□□議長となり、本総会の開会を宣した。
　　次いで、事務局から上記3の通り本総会の全議案の決議に必要な会社法および定款の定定数を充足している旨の報告があった。
(1) 監査役の報告
　　常勤監査役□□□□から監査役会の他の監査役も同意見である旨を述べ、本総会に提出された議案および書類については法令・定款に適合しており、また第○○期事業年度における監査結果は、添付書類の監査報告書謄本のとおりである旨報告があった。
(2) 報告事項　第○○期（平成○年4月1日から平成○年3月31日まで）事業報告書、貸借対照表、損益計算書、株主資本等変動計算書および個別注記表の内容報告の件
　　議長は、上記事業報告および計算書類の内容を詳細に説明、報告した。
(3) 決議事項
第1号議案　第15期剰余金の処分の件
　　議長は、剰余金処分案の内容を詳細に説明したうえ、議場に諮ったところ、過半数の賛成があり、本議案は原案どおり承認可決された。
第2号議案　定款一部変更の件
　　議長は、経営陣の強化を図るため、取締役の定員を増員することとし、定款第○条を次のとおり変更したき旨述べ議場に諮ったところ、3分の2以上にあたる多数の賛成があり、本議案は原案どおり承認可決された。
　　　第17条（取締役の員数）
　　　　　当会社の取締役は、○名以上○名以内とする。

第3号議案　取締役○名選任の件
　議長は、取締役全員（○名）が本総会終結のときをもって任期満了により退任するので、次の○名を取締役に選任したき旨述べ議場に諮ったところ、過半数の賛成があり承認可決され、被選者は全員就任を承諾した。
　　取締役　□□□□（重任）
　　取締役　□□□□（重任）
　　取締役　□□□□（重任）
　　取締役　□□□□（新任）
　　取締役　□□□□（新任）

第4号議案　監査役2名選任の件
　議長は、本総会集結のときをもって、監査役□□□□氏が任期満了により、監査役□□□□氏が辞任により、監査役を退任するので、次の○名を監査役に選任したき旨述べ、議場に諮ったところ、過半数の賛成があり承認可決され、被選者は全員就任を承諾した。
　　監査役　□□□□（重任）
　　監査役　□□□□（新任）

第5号議案　取締役および監査役の報酬改定の件
　議長は、取締役および監査役の報酬は、前回の改定から5年を経過しており、その間の物価上昇や取締役の増員等諸般の事情を勘案し、これを取締役については月額○百万円以内、監査役については月額○百万円以内と改定したき旨述べ議場に諮ったところ、過半数の賛成があり原案どおり承認可決された。

第6号議案　退任取締役および退任監査役に対し、退職慰労金贈呈の件
　議長は、本総会終結のときをもって取締役を退任する□□□□、□□□□および監査役を退任する□□□□の各氏に対し、その在任中の功労に報いるため、所定の基準により退職慰労金を贈呈することとし、その具体的金額支払の時期、方法等は、退任取締役については取締役会に、退任監査役については監査役の協議に一任したき旨述べ、議場に諮ったところ、株主□□□□氏より所定の基準の内容について質問があった。
　そこで議長は、当社の基準では、在任1年につき、最終の報酬月額の○ヶ月分を基準額としており、基準額の○％を上限として功労加算金を付加して支給する旨説明したところ、同株主は各人毎の支給額を説明するように求めた。これに対し議長は、各人毎の支給額は開示できない旨回答したところ同株主は議長不信任の動議を提出した。そこで議長はこの動議を議場に諮ったところ、過半数の反対があり、本動議は否決された。

次いで議長は、本議案を議場に諮ったところ、過半数の賛成があり、原案どおり承認可決された。
　7　閉会
　　以上をもって本総会の議事は全部終了したので、議長は午前○時○分閉会を宣した。
　8　議事録作成者
　　議事録作成取締役　　□□□□
　9　議事録作成年月日
　　平成○年○月○日

2　議長の選任と権限

　総会の議長は定款で定められるのが通常であるが、旧法では、定めがなければ総会で選任することになる（商237の4第1項）とされていた。会社法にはこれに対応する規定がない。多数の会社が定款で議長を定めているのでそれに委ねる趣旨であろうし、定款に定めがなかった場合でも会議体の議長を会議体が選任できるのは会議体の一般原則からすれば当然のことである。

　そして議長は、株主総会の秩序を維持し議事を整理するとともに、命令に従わない者その他総会の秩序を乱す者を退場させることができる（会315条）。

　これをより具体的に述べれば、議長は、質問者・答弁者指名権限、発言時間制限権限、目的外事項に関する発言制止権限、議長に採否の裁量権のある動議を審議採決する権限、適宜議事を進行させる権限、議長命令に従わない者その他総会秩序を乱す者を退場させる権限を有している。

3　取締役、会計参与、執行役、監査役　　（以下「取締役等」という）の説明義務

　会議体である以上、その構成員である株主が質問権を有するのは当然のことである。会社法はこれを取締役等の説明義務として裏から規定した（会

314条)。すなわち取締役等は、株主総会において議題や議案について説明する必要があるが、加えて株主から特定の事項について説明を求められた場合には必要な説明をする義務を負う。ただし、その事項が株主総会の目的である事項（決議事項および報告事項）に関しないものである場合、説明することにより株主の共同の利益を著しく害する場合(企業秘密等)、その他正当な理由がある場合として法務省令で定める場合は説明を拒否しうる。

株主の質問権の正当な行使を妨げたときは、総会決議の手続きに瑕疵*2-17があることになり、総会決議取消の訴えの事由になるので、注意を要する。

* 2-17　瑕疵とは、目的物に通常有すると期待される性質や、当事者が保証した性質が欠けており、目的物の価値が減少することをいう。権利に関しても使われる。

1　取締役等の説明義務の範囲と説明の程度

取締役等の説明義務の範囲と説明の程度であるが、株主には決議事項のみならず報告事項についても質問権があり、取締役等にはそれらについて原則として説明義務がある。しかし、どの取締役等が説明するかは自由であるし、取締役等が説明補助者や顧問弁護士に説明させてもよい。ただし、まず議長が指名するのは取締役等であり、その指名された取締役等が説明補助者を使うことが許されるということであり、議長が取締役等を飛び越していきなり説明補助者を指名することはできない。あくまで会社法は、取締役等の説明義務と規定しているからである。

とはいえ、説明補助者はあまり利用されていない。その一つの理由は、株主総会の目的である事項（決議事項および報告事項）に関しないものである場合のような説明拒否事由には説明義務の範囲（質問事項の種類）と程度（質問事項の深さ）に限界があり、顧問弁護士などの専門家が答えなければならないような質問は、通常の説明義務の程度を超えている場合が多いからであろう。

なお、多数の質問事項の通知があったときは、項目ごとに分類整理して一括回答しても有効である（記載例3）。

第3節　議事手続の運営と決議方法　39

> **記載例3** 事前質問に対する一括回答
>
> 　続いて、議長から、事前質問を受けた事項中、説明を拒む正当な事由があるものを除いた質問につき、一括回答形式で回答する旨説明があり、株主の了解を得た。
> 　引き続き、議長の指名により、代表取締役副社長○○○○から、事前質問に対して回答がなされた。

2　説明を拒絶できる場合

　以下のような事項については株主に質問権はなく、議長は質問を却下することができる。

　①　株主総会の目的である事項に関しないものである場合（説明義務の範囲と説明義務の程度を含む）

　政治的・社会的・宗教的・法律的な問題に関する一般的質問、役員のスキャンダル、将来の配当、株価動向、株主・会社間の取引、個々の役員の報酬額・賞与額、寄付金・献金の件数とその相手方、交際費の件数とその相手方などに関する質問など。ただし、実務的にはかなり広くかつ深い範囲まで答えているのが実情である。

　②　株主共同の利益を著しく害する場合

　開発中の新製品、製品原価、販売戦略、部門別利益、得意先明細、仕入先明細、経費支払先、交渉中の契約、締結した契約内容、継続中の訴訟事件などに関する質問など。

　①の場合は範囲と程度を超えて答えてもかまわないし、実務では答えているが、②の場合は答えてはならない点に注意を要する。

　③　その他正当な理由がある場合として法務省令で定める場合

　そのうちの一つが「説明のために調査を要する場合」である。これは即答できないため当然の拒絶事由である。ただし、総会開催より相当期間（質問内容と調査能力による）以前に質問事項の通知があった場合はこの理由では拒めない。しかし、ほかの拒否事由に該当していれば、当然その事由で拒否することはできる。

　そのほかの正当な事由がある場合とは、説明により自己または会社が

刑事訴追を受けるおそれがある、調査に多額の費用が必要、役職員・会社関係者の名誉・信用・プライバシーなどに関する質問がそれである。

4 取締役等の出席

取締役等と会社の間の法律関係は委任の規定に従う（会330条、402条3項）から、取締役等は会社に対して善良な管理者としての注意義務を負担する（民644条）。すなわち、善良な管理者としての注意義務（善管注意義務）とは、会社の業務および経理等に対して相当程度の知識、経験および能力を有する標準型の人が職務を行うにあたり、通常、払うであろう注意の程度を指す。

この善管注意義務から取締役等は株主総会に出席すべきであるが、正当な事由があるときは出席義務を負わない。確保されるべきは株主の質問に対する説明であって出席義務そのものではないから、説明義務がつくせるのであれば、必ずしも取締役等全員が出席する必要はない。答弁者の指名権限は議長にあるからである（**記載例4**）。

記載例4　出席した取締役、監査役等の氏名

1	出席取締役	○○○○（議長兼議事録作成者）
		○○○○
		○○○○
	出席監査役	○○○○

5 動　議

動議とは、株主総会において株主から提案され、総会で討論裁決に付される提案をいう。取締役（株主が株主総会を招集する場合にあっては、当該株主）は、株主総会を招集する場合には、株主総会の日時および場所、株主総会の目的である事項、株主総会に出席しない株主が書面（電磁的方法）

によって議決権を行使することができることとするときはその旨などを定めなければならない（会298条1項）。非公開・非取締役会設置会社（会298条1項、299条4項反対解釈）以外の会社では、総会の招集通知には会議の目的事項を記載することが必要である。株主はこれを見て賛否、出席欠席などを決めるのであるから、招集通知から全く予見されないような修正案の提出は株主の予想と期待に反するから許されない。

　動議には、実質的動議（議題議案修正動議）と手続的動議（議事運営に関する動議）がある。また動議が提出されたとき、その採否を議長が総会に諮らねばならないものと、議長の裁量に委ねられているものがある。前者には実質的動議（記載例5）と、手続的動議のうち法令定款により総会において決定すべき事項とされたもの（総会の延期・続行、検査役選任、会計監査人の出席要求）と議長の信任・不信任（記載例6）、または交代の動議がある。それ以外の手続的動議は、議長の裁量に委ねられる（記載例7）が、実務では総会に諮っている例が多い。原則として、その動議の採否を他の議題・議案より先に議場に諮らねばならない。

記載例5　議案提案権（動議）①

第1号議案　剰余金の処分の件
　議長は、本議案についての概要を別添提供書類に基づき説明、剰余金を次のとおり処分したい旨提案した。
1　配当財産の種類　金銭とする。
2　株主に対する配当財産の割当てに関する事項およびその総額
　　普通株式1株につき金○○円
　　総額○○○億円
3　剰余金の配当が効力を生ずる日　平成○○年○月○○日
　この会社提案に対して、○○○○株主（出席票番号○○番）から、株主配当金を○円増額して○○円としてほしい旨の修正動議が提出された。
　次いで、議長は会社原案を先に採決したい旨を議場に諮り、多数の了解を得た。
　よって、議長は会社原案の賛否を諮ったところ、出席株主の議決権の90％（書面による原案賛成の株主○,○○○名、その議決権数○,○○○個を含む。）を超える賛成を得たので、本議案は会社原案どおり可決、株主提出の修正動議は否決された。

| 記載例6 | 議案提案権（動議）② |

> 第2号議案（取締役選任の件）可決後、○○○○株主から議長不信任案の緊急動議が提出され、議長が動議の賛否を諮ったところ、反対多数により不信任案は否決された。

| 記載例7 | 議案提案権（動議）③ |

> 　この時出席番号○○○番の○○株主から議事進行、質疑打切りの動議が出されたので、議長は場内に動議の賛否を諮ったところ、絶対多数の賛成（挙手・拍手）で動議は可決され、質疑は打ち切られた。

6　決議事項

　総会で決議できる事項は、招集通知に記載された事項に限られる。議題を変更し議題にない事項を追加して決議することはできない。なぜなら、出席していない株主の利益を害する可能性があるからである。しかし、招集通知に記載された議題ないし議案と実質的に同一と判断される限り、議案の修正による決議は可能である。

　総会の決議事項は下記の事項である。

1　会社の組織・運営の基本に関する事項

　定款の変更（記載例8）、事業の譲渡、資本金の額の減少、合併、会社分割、株式交換、株式移転、解散などである。これらの事項はことの性質から、会社の実質的所有者である株主総会の意思を問う必要があるからである。

| 記載例8 | 定款一部変更の件 |

> 　…その他質疑がなかったので、議長は本議案についての賛否を諮ったところ、出席株主の議決権の3分の2以上の賛成（書面による原案賛成の株主○○○名、その議決権数○,○○○個、電磁的方法による原案賛成の株主○○名、その議決権数○○○個を含む）を得たので、本議案は原案どおり承認可決された。

2 取締役・監査役等の選解任

　取締役の選解任（**記載例9**）、監査役の選解任（**記載例10**）、会計参与の選解任、会計監査人の選解任などである。これらの事項は、受任者の選解任であるから、実質的所有者である株主総会が行う必要があるからである。

記載例9　取締役○名選任の件

> 　議長から取締役全員25名は本総会終結の時をもって任期が満了するので、改めて25名の選任を願いたい旨説明を行い、議長から別添提供書類記載の候補者25名について一括して賛否を諮りたい旨議場に諮ったところ、賛成多数をもって一括採決の方法によることを承認可決した。よって議長は本議案を諮ったところ、議決権行使書を含め賛成多数をもって原案どおり承認可決し、前記25名の各氏はその場で就任を承諾する旨を表明した。

記載例10　監査役○名選任の件

> 　議長は、本議案について、本定時株主総会終結の時をもって、監査役○○○○、○○○○、……および○○○○の○名が任期満了となるので、○名を選任することとし、その候補者は別添招集通知の株主総会参考書類記載の○○○○、○○○○、……および○○○○の○名である旨および本議案の総会提出には監査役会の同意を得ている旨説明があった。
> 　次いで、議長は本議案についての賛否を議場に諮ったところ、出席株主の議決権の大多数（議決権行使書による原案賛成の株主○,○○○名、その議決権数○○,○○○個を含む）の賛成を得たので、本議案は原案どおり可決、選任された監査役はその場で就任を承諾する旨を表明したので、上記のとおり確定した。

3 その他

　計算書類の承認（**記載例11**）、剰余金の処分（**記載例12**）、取締役等の報酬額決定（**記載例13、14**）、新株・新株予約権の有利発行、そのほか定款に留保した事項などである。これらの事項は、たとえば計算書類の承認等は株主の投資行動に対する会社からの回答に当たっており、回答を承認するか否かは株主総会が決するべきだからである。ただし、取締役会設置会社で会計監査人設置会社において、計算書類等に関する監査について一定の

記載例11　計算書類の承認の件

　続いて議長から、第○期計算書類の内容について、別添書類に基づき詳細に説明した上で、その賛否を議場に諮ったところ、出席株主の議決権の過半数の賛成をもって本議案は原案通り承認可決された。

記載例12　剰余金の処分の件

　議長から、第○○期の剰余金の処分の内容につき別添提供書類に基づき説明した後、次のとおりとしたい旨提案した。
1　配当財産の種類　金銭とする。
2　株主に対する配当財産の割当に関する事項およびその種類
　　当社普通株式1株につき金○○円
　　総額　　○○億円
3　剰余金の配当が効力を生ずる日　平成○○年○月○○日
　次いで、議長が本議案についての賛否を議場に諮ったところ、議決権行使書を含め、出席株主の議決権の多数の賛成をもって原案どおり承認可決した。

記載例13　取締役および監査役の報酬額改定の件

　議長から、取締役および監査役の報酬額については、平成○○年○月○○日開催の第○○回定時株主総会において取締役については月額○,○○○万円以内、監査役については月額○○○万円以内として承認を受けていたところ、今回取締役の増員および賞与の費用処理等に対応して、これを取締役については月額○億円以内、監査役についてはその同意を得て月額○,○○○万円以内に増額改定することとし、なお、取締役報酬額には使用人兼務取締役の使用人としての職務に対する報酬は含まないこととし、株主総会の承認を得たい旨をはかったところ、大多数の賛成を得てこれを了承した。

要件が満たされていれば総会の承認は不要で報告で足りる（会439条、441条4項、計規135条）（**記載例15**）。

　また、取締役の報酬決定は経営事項だからといって取締役に決定させると、会社のために行動すべきであるとする受任者性と、自分の報酬の決定であるという自己の利益が衝突する。いわゆるお手盛りになるので、株主

> 記載例14　退任取締役および退任監査役に対し退職慰労金贈呈の件

　議長から、本定時株主総会終結の時をもって取締役を退任する○○○○氏および監査役を退任する○○○○氏は招集通知添付の株主総会参考書類の略歴のとおり取締役、監査役として当社事業の発展に貢献されたので、その在任中の功労に報いるために退職慰労金を贈呈したく、またその具体的な金額、贈呈の時期、方法等は当社の定める一定の基準に従い妥当な範囲内で、退任取締役については取締役会に、退任監査役については監査役の協議に一任されたい旨を述べて、審議を求めたところ、出席株主の議決権数の絶対多数の賛成（議決権行使書面による賛成株主○,○○○名、その議決権数○○,○○○個を含む。）をもって原案どおり承認可決された。

> 記載例15　報告事項の報告

　続いて議長は第○○期貸借対照表、損益計算書、株主資本等変動計算書および個別注記表については、監査役会および会計監査人から別添監査報告書謄本記載のとおりの監査意見があり、本総会における承認決議を要しないので、事業報告の内容および連結貸借対照表、連結損益計算書、連結株主資本等変動計算書および連結注記表の内容および監査結果とともに報告する旨を説明した後、事業報告、計算書類の内容ならびに連結計算書類の内容および監査結果について別添書類に基づき報告した。

総会の決議事項に残したものである。
　株主は決議事項について特別の利害関係の有無にかかわらず議決権の行使をなしうるが、特別利害関係人の議決権行使の結果、著しく不当な決議がなされた場合には、総会決議取消の訴えの原因になる。

7　決議方法

　議長は、賛否確認をいかなる方法でもとりうる。賛否確認方法については、議決権行使書面（会301条）によるものは記名投票となるが、それ以外は定款に別段の定めがない限り、異議の有無、挙手、拍手、起立、記名投票そのほかの方法でよい。また議長は、賛成、反対の数を充足しているか否かを宣言すれば足り、賛否の数を明示する必要はない。

また、旧法時代から、インターネットでの投票を行えるとする前提として、すべての会社において書面投票が認められている（会301条、商239条の２）。

　さらに、総会の決議の目的たる事項について議決権を有する全株主の同意が得られているのであれば、それをもって総会決議とすることも考えられる。そこで、総会の決議の目的たる事項について取締役または株主から提案があった場合において、当該事項につき議決権を行使することができる株主の全員が、書面または電磁的方法によって当該提案に同意の意思表示をしたときは、当該提案を可決する旨の株主総会の決議があったものとみなすこととした（会319条１項）（**記載例16**）。また、取締役が株主の全員に対して株主総会に報告すべき事項を通知した場合は、当該事項を株主総会に報告することを要しないことについて株主全員が書面等による同意をしたときには、当該事項の総会への報告があったものとみなすことができる（会320条）（**記載例17**）。これで定時株主総会を開催せずに、書面による決議および報告で済ますことができる。

記載例16　書面決議

書面決議による株主総会議事録
1．提案者　○○○株式会社　代表取締役社長　○○○○
2．株主総会の決議があったとみなされた事項の内容
　　○○○○、○○○○、○○○○の３名を取締役に選任した。
3．株主総会の決議があったものとみなされる日
　　平成○○年○月○○日
　以上のとおり、会社法第319条第１項の規定により株主総会の決議があったものとみなされたので、株主全員の同意があったことを確認するためこの議事録を作成し、議事録作成者取締役法務部長○○○○次に記名押印する。
　　平成○○年○月○○日
　　　　　　　　　　　　　　　　　　　　　　　○○株式会社
　　　　　　　　　　　　　　　　取締役法務部長　○○○○○㊞

第3節　議事手続の運営と決議方法　47

> **記載例17** 書面報告

> 書面報告による株主総会議事録
> １．株主総会への報告があったものとみなされた事項の内容
> 　　別添会社法第438条第3項の事業報告。
> ２．株主総会への報告があったものとみなされた日
> 　　平成○○年○月○○日
> 　以上のとおり、会社法第320条の規定により株主総会の報告があったものとみなされたので、株主全員の同意があったことを確認するためこの議事録を作成し議事録作成者取締役法務部長○○○○次に記名押印する。
> 　　平成○○年○月○○日
> 　　　　　　　　　　　　　　　　　　　　　　　　○○株式会社
> 　　　　　　　　　　　　　　　　　　　取締役法務部長　○○○○○㊞

1　普通決議

　定足数は、議決権を行使することができる株主の議決権の過半数である（会309条1項）。ただし、この定足数は定款で変更でき、大多数の会社はまったく排除しているが、役員を選任または解任する決議については議決権を行使することができる株主の議決権の3分の1未満におろせない（会341条）。

　この出席株主の議決権の過半数で決議する（単元株制度を採用すれば1単元が1議決権となる）。

　普通決議によるべき事項としては、取締役・監査役の選任（**記載例9、10、18**）、取締役の解任、取締役・監査役の報酬の決定（**記載例13**）、計算書類の承認（**記載例11**）、剰余金の資本組入などがある。

> **記載例18** 就任承諾書

> 　私（または当法人）は、来る平成○○年○月○○日開催予定の○○○○株式会社の第○○回定時株主総会において貴社の取締役（または会計参与、監査役、会計監査人）に選任された場合は、その就任を承諾いたします。
> 　　　　　　　　　　　　　　　　　　　　　　　平成○○年○月○○日
> 　　　　　　　　　　　　　　　　　　　　　　　　　○○○○○㊞
> 　　　　　　　　　　　　　　　　　　　　　　　（または○○法人）

◆記載例9、10 → 44P 参照、記載例11、13 → 45P 参照

2 特別決議

　定款変更、事業譲渡などの特定の重要事項の決議に要求される株主総会の特別決議は、当該株主総会において議決権を行使することができる株主の議決権の過半数（定款で3分の1以上の割合まで緩和できる）を有する株主が出席し、出席した当該株主の議決権の3分の2（これを上回る割合を定款で定めた場合にあっては、その割合）以上に当たる多数をもって行わなければならない。この場合においては、当該決議の要件に加えて、一定の数以上の株主の賛成を要する旨その他の要件を定款で定めることができる（会309条2項）。

　定足数を定款で3分の1以上の割合まで緩和できるとしたのは、近時の株式持合の解消などにより、定足数の確保が困難になったからである。

　特別決議によるべき事項としては、定款変更（**記載例18**）、資本金の額の減少、累積投票で選任された取締役・監査役の解任、会社の解散、合併、事業の譲渡、会社分割、株式交換・移転、新株・新株予約権の有利発行などがある。

3 特殊の決議

　上記の特別決議以上に厳格で、たとえば株式の譲渡制限を設ける定款変更などに要求される株主総会の特殊の決議は、当該株主総会において議決権を行使することができる株主の半数（これを上回る割合を定款で定めた場合にあっては、その割合）以上であって、当該株主の議決権の3分の2（これを上回る割合を定款で定めた場合にあっては、その割合）以上に当たる多数をもって行わなければならない（会309条3項）。

　また、株主の人的属性にもとづいて権利内容に差を設ける定款変更に要求される株主総会の特殊の決議は、総株主の半数（これを上回る割合を定款で定めた場合にあっては、その割合）以上であって、総株主の議決権の4分の3（これを上回る割合を定款で定めた場合にあっては、その割合）以上に当たる多数をもって行わなければならない（会309条4項）。

第4節 非取締役会設置会社における株主総会

　会社法は、公開会社においては取締役会を設置せねばならないとするが、非公開会社において取締役会を設置しないことも認めている。非公開かつ非取締役会設置会社（有限会社）型の機関設計を採用した株式会社の株主総会について、有限会社の社員総会に準じた規律を適用するものとし、小規模の閉鎖的な会社に適応した機動的な株主総会の開催・運営を可能としている。

1 株主総会の決議事項

　総会の決議事項を「この法律に規定する事項及び株式会社の組織、運営、管理その他株式会社に関する一切の事項」として、法律・定款に定められた事項に限定せず、株式会社の組織、運営等のいっさいの事項について株主総会で決議できるものとする（会295条1項）。
　特例有限会社の社員総会はすべての業務執行を決定できるが、取締役会を設置しない株式会社における株主総会も、これと同様にいかなる事項についても決定できるものとした。

2 招集通知の発送

　書面または電磁的方法による議決権行使を認めない限り、非公開会社の株主総会の招集通知は、会日の1週間前（定款で短縮可能）までに発すれば足りるし、取締役会を設置していないのであればさらにこの期間を定款で短縮することもできる（会299条1項）。

3 招集通知の書面性

書面または電磁的方法による議決権行使を認めない限り、株主総会の招集通知は、書面または電磁的方法によらないことができる(会299条2項3項)。

4 招集通知の記載内容

書面または電磁的方法による議決権行使を認めない限り、株主総会の招集通知に会議の目的事項の記載または記録を要しない(会298条1項2号、299条4項)。

また、招集通知に会議の目的事項が記載されていても、それ以外の事項について決議をすることが可能である(会309条5項)。

5 議題提案権

各株主は、単独株主権として、取締役に対し、一定の事項(当該株主が議決権を行使することができる事項に限る)を株主総会の目的とすることを請求することができる(会303条)。

6 計算書類等の添付

株主総会の招集通知に、計算書類、事業報告、監査報告および会計監査報告の添付を要しない(会437条)。

7 議決権の不統一行使

議決権の不統一行使およびその理由について、会社に対する事前の通知は不要である(会313条2項)。

第5節　総会決議の瑕疵

　株主総会の決議に手続上または内容上の瑕疵があれば、本来はその効力が否定されるべきである。しかし決議の効力は、会社・株主・取締役等の多数の者の利害にかかわることであり、これを一般原則どおりの処理に委ねると多数の者の間で混乱が生じ、また決議を信頼した者の利益が害されることにもなる。そこで会社法は、会社関係の画一的処理と、法的安定性を考慮し、会社法上の訴えの制度を設けた。

　決議の瑕疵の軽重に応じて、総会決議取消の訴え（会831条）、総会決議無効確認の訴え（会830条2項）総会決議不存在確認の訴え（会830条1項）の3種の制度がある。

1　総会決議取消の訴え（会831条）

まず、取消原因は以下である。
イ　招集手続または決議方法が法令もしくは定款に違反し、または著しく不公正なとき（会831条1項1号）
　　具体的には招集通知もれ、招集通知の記載の不備、招集通知期間の不足、取締役会の決議を経ない代表取締役の招集、取締役や監査役の説明義務違反、定足数の不足、非株主の決議参加、多数決の要件不足、出席困難な時刻・場所に招集したときなどである。
ロ　決議内容が定款に違反するとき（会831条1項2号）
　　具体的には、定款所定の員数を超える取締役を選任するときなどである。
ハ　特別利害関係人が議決権を行使したため著しく不当な決議がなされたとき（会831条1項3号）
　　具体的には、営業の譲受人が株主として決議に加わったため著しく不

当な条件の営業譲渡が可決されたときなどである。

これらの瑕疵は一般に軽微なものであるから、決議を当然に無効とせず、一応有効としたうえで、取消判決の確定を待ってはじめて効力を奪うことにしている。したがって、提訴期間内に提訴がなければ、瑕疵は治癒され決議はそのまま有効に確定する。

総会決議取消の訴えは、株主、取締役、精算人、監査役設置会社では監査役、委員会設置会社では執行役が提訴できる。たとえば、招集手続の瑕疵を理由として総会決議取消の訴えを提起する場合、提訴権者は招集手続に瑕疵のあった株主に限られるのか、それとも他の株主も提訴可能なのか学説上争いがあるが、会社法831条（商247条）は単に「株主」とのみ規定して、なんらの制限を加えていないので、自分の招集手続には瑕疵のなかった他の株主も提訴できると考えられる（最高裁昭和42年9月28日判決）。

総会決議取消の訴えは、決議の日より3か月以内に提起することが必要である（会831条1項）。多数の関係者に影響するものなので、決議の効力に関する争いを早期に決着させるためである。この点、3か月以内に提訴してから、提訴期間経過後に新しい取消原因を追加できるかについては争いがあるが、会社法831条（商248条1項）は決議の効力を早期に確定させて法的安定性をはかる趣旨に出たものであるから、提訴期間経過後に新しい取消原因が追加されたのでは、早期確定の趣旨が没却されてしまう。提訴期間経過後には、もはや新たな取消原因の追加はできないものと考えられる（最高裁昭和51年12月24日判決）。

会社の法律関係を画一的に取り扱う必要から、判決の効力は第三者に及ぶ（会838条）（対世効）*2-18。

以上のように、決議取消判決は重大な影響を及ぼす。したがって、決議が取り消されることは決して望ましいことではないし、また濫訴を防止する必要もある。そこで取消事由が招集手続または決議の方法が法令・定款に違反するという手続的な瑕疵に過ぎないときは、裁判所は、瑕疵が重大でなくかつ決議結果に影響を及ぼさない場合には、取消しの請求を棄却す

ることができる（会838条2項）。裁判所の裁量棄却という[*2-19]。

* 2―18 対世的効力とは、判決の効果は原則として原告被告当事者間にのみ効力を生ずるものであるが、会社においては関係者が多数になるので、判決の効力を世間一般に及ぼすものとして画一的に処理するようにしていることをいう。
* 2―19 裁量棄却とは、軽微な瑕疵などにより、形式的には法律違反であっても、実質的に株主を害していないときまで機械的に総会決議を取り消す必要はなく、裁判所の裁量で訴えを棄却することである。

2　総会決議無効確認の訴え（会830条2項）

　決議の内容が法令に違反する場合は、決議の内容的瑕疵であり瑕疵が重大であるので、一般原則どおり当然に無効である。この場合に総会決議無効確認の訴えが認められる。

　提訴権者、提訴期間については、総会決議取消の訴えと異なり、誰でも、いつでも、確認の利益[*2-20]がある限り無効確認の訴えを提起できる。勝訴判決の効力は、決議取消判決と同様、会社の法律関係を画一的に取り扱う必要から、判決の効力は第三者に及ぶ（会838条）（対世効）。

* 2―20 本来、無効は誰でも主張できるものであるが、まったく無関係な者に主張させる必要はなく、無効を主張する利益を有する者のみに提訴を許せば足りる。この利益のことである。

3　総会決議不存在確認の訴え（会830条1項）

　決議の手続的瑕疵が著しく、決議が法律上存在すると認められないとき、総会決議不存在確認の訴えが認められる。

　具体的には、議事録は作成されているが集会が全然なかった場合、招集通知を受けた株主の方が少なかったような場合、平取締役が取締役会の決議を経ずに招集したような場合などである。

　提訴権者、提訴期間は、総会決議取消の訴えと異なり、誰でも、いつで

も、確認の利益がある限り総会決議不存在確認の訴えを提起できる。

　判決の効力は、決議取消判決と同様、会社の法律関係を画一的に取り扱う必要から、判決の効力は第三者に及ぶ（会838条）（対世効）。

第6節　会社関係書類のIT化

　総会招集を電磁的方法（電子メールなど）を利用して行うことができること、また株主が電磁的方法で議決権を行使できることは前述した（会299条3項、302条3項、4項）。

　また、書面の閲覧または謄抄本の交付を請求することができる場合には、出力装置の画面に表示したものの閲覧や、電磁的記録の内容を記載した書面の交付を請求できる（会31条2項3号、4号、125条2項2号など）。

　さらに貸借対照表に記載された内容を、定時株主総会の終結の日後5年間電磁的方法により開示する措置をとることができる（会440条3項）。したがって、会社のホームページなどに掲載して開示することができる。

第7節　株主総会議事録作成

1　作成者、作成時期、作成通数など

　議事録は、これの作成に係る職務を行う取締役が作成する。その氏名を記載する（規72条3項6号）。

　作成時期について会社法に規定はない。しかし、登記期間が本店所在地で2週間以内（会915条1項）なので、この期間内に作成すべきである。

　作成通数についても会社法に規定はない。議事録備え置き期間を株主総会の日から原本を本店に10年、写しを支店に5年（会318条2項3項）と規定しているので、原本は1通と解せる。原本還付をせずに保存用原本1通、登記用原本1通を作成する会社が多い。

2　記載事項

1　記載事項に関する法規定

　株主総会議事録には株主総会が開催された日時および場所、議事の経過の要領およびその結果、出席した取締役等の氏名（記載例4）、議長の氏名、作成した取締役の氏名などを記載しなければならない（規72条3項）（記載例2）。議事の経過の要領とは、開会宣言（記載例19）から閉会宣言（記載例20）までの会議の経過の要約である。

> 記載例19　議長の開会宣言
>
> 　定刻、定款の定めにより取締役社長〇〇〇〇　議長となり（または議長席につき）、開会を宣し、……

◆記載例2　→　35P 参照、記載例4　→　41P 参照

> 記載例20　議長の閉会宣言と閉会時刻
>
> 　以上をもって本総会における報告および全議案の審議を終了したので、議長は午前〇〇時〇〇分閉会を宣した。

2　出席状況等の記載

　当日出席の株主数・同議決権のある株式数と、提出議決権行使書面の株主数・同議決権行使株式数を合算している会社が過半数である。これ自体、議決権行使書面によって行使した議決権の数は出席株主の議決権数に算入されるのだから、法律的には問題はない。しかし実務的には、議決権行使書面によって行使された議決権数によって会社原案どおり承認可決されるわけであるから、その証拠としてはっきり記載しておくべきである（記載例2、21）。

> 記載例21　議決権個数の報告
>
> 　……、本日の出席株主数およびその議決権数を次のとおり報告し、本総会の全議案につき、会社法および定款に規定する決議要件を充足している旨を述べた後、会議の目的事項の順序に従い審議に入った。

◆記載例2　→　35P 参照

3　報告事項の記載（記載例15）

　取締役は計算書類（貸借対照表、損益計算書、株主資本等変動計算書、個別注記表）、事業報告書を定時株主総会に提出し、事業報告については内容を報告し、計算書類については総会の承認を受ける（会438条1項、2項、3項）。

　ただし、会計監査人設置会社については、取締役会の承認を受けた計算書類が法令および定款に従い、会社の財産および損益の状況を正しく表示しているものとして法務省令で定める要件に該当する場合には定時株主総会の承認は不要である。この場合には、取締役は、計算書類の内容を定時株主総会に報告しなければならない（会439条）。すなわち取締役会設置会社で、会計監査人の会計監査報告の内容として記載された意見が無限定適正意見であり、監査役、監査役会等の監査報告の内容として会計監査人の

監査の方法または結果を相当でないと認める意見がないときと規定されている（計規135条）(**記載例22**)。

> **記載例22** 監査役の報告
>
> 　続いて、議長は、監査役会の監査報告を求めた。
> 　常勤監査役〇〇〇〇は、監査役会全員の意見が一致しているので、その一致した意見を報告する旨説明し、別添「招集ご通知」記載の監査報告書謄本のとおり、第〇〇期における取締役の職務の執行全般について、適宜の方法により監査を行った結果、会計に関する事項については〇〇監査法人の監査方法および結果は相当であると認め、また、会計以外に関する事項についても、不正の行為または法令もしくは定款に違反する重大な事実は認められず、併せて、連結計算書類ならびに本総会に提出されるすべての議案および書類に関しても、法令もしくは定款に違反し、または著しく不当な事項は認められない旨報告した。

◆記載例15 → 46P 参照

4　決議事項の審議と議決に関する記載

　報告事項に関する質疑応答が終わると、通常、決議事項を付議する。

5　登記申請の添付書類とする場合の留意事項

　定款変更、取締役・監査役選任等は登記が必要であり、申請書に議事録原本を添付する（商登79条1項）。原本を還付するのであれば代表取締役の認証謄本を提出する。そうでなければ登記用の原本を別途作成する。謄本、登記用原本は、登記に無関係の部分を省略してよい。

3　署名・押印

　商法では議事録には議長と出席取締役が署名することになっていたが（商244条2項）、会社法では署名義務は廃止され議事録作成取締役の記名で足りる（規72条3項6号）(**記載例23**)。しかし、署名義務がなくなっただけで署名をして悪いわけではない。そこで、実務的には議事録に議長と出席取締役が署名している例が多い。

> **記載例23** 議事録の作成に係る職務を行った取締役の氏名
>
> この決議を明確にするため、この議事録を作成した。
> 　　　　　　　　　　　　　　　　　議事録作成者　取締役○○○○

4　備え置き

　株主総会の日から原本を本店に10年、謄本を支店に5年備え置く（会318条2項3項）。謄本には、代表取締役が原本と相違ない旨の認証文言を入れる。

　支店とは、従たる営業所であって、その名称を問わず、本店以外の場所において独自の営業活動をし、対外的にも取引ができる要員・組織を備えているものをいう。ただ、実務上は支店登記をしている支店に備え置けばよいと解される。

第3章

取締役・代表取締役・取締役会

第1節　総　説

　会社法は、株式会社には、1人または2人以上の取締役を置かなければならない（会326条1項）とし、株式会社は、定款の定めによって、取締役会、会計参与、監査役、監査役会、会計監査人または委員会を置くことができる（会326条2項）として、取締役会を株式会社の必須の機関としていない。したがって、すべての取締役は株主総会で選任されるが、非取締役会設置会社では個々の取締役が会社の機関である一方、取締役会設置会社では個々の取締役は会社の機関ではなく業務執行機関である取締役会の一構成員に過ぎない。ただし、公開会社、監査役会設置会社、委員会設置会社では取締役会を設置せねばならず（会327条1項）、個々の取締役は機関ではないことになる。すなわちその趣旨は、取締役会の意思決定が会社の意思とされる関係に立っており、個々の取締役の意思が会社の意思と見られる関係に立っていないことを意味する。

　非取締役会設置会社における取締役の権限であるが、会社法が、株式会社と有限会社との規律を一本化し、有限会社と同様に取締役会を設置しない株式会社を認めたことに伴い、取締役会を設置しない株式会社における取締役の権限について、旧法下における有限会社の取締役の権限と同様の権限を認めることとした。

　原則として、各取締役が株式会社の業務執行および代表権を有する（会348条1項、349条1項）。取締役が2人以上いる場合には、定款に別段の定めがある場合を除き、業務執行の意思決定は、取締役の過半数をもって行う（会348条2項）。定款、定款の定めにもとづく取締役の互選または株主総会の決議によって、取締役の中から代表取締役を定めることもできる（会349条3項）。

　取締役会設置会社においては、前述のとおり個々の取締役がそのまま会

社の機関になるわけではなく、取締役全員が取締役会を構成し、その取締役会で業務執行その他の事項について会社の意思を決定する。そしてその意思を実行する機関*3-1として、取締役会において取締役の中から代表取締役を選定する（会362条2項3号）。代表取締役は業務の執行にあたり、対外的に会社を代表するとともに、業務執行の意思決定についても日常業務の決定を委ねられる。

このように取締役会設置会社の業務執行機関は、意思決定機関としての取締役会と、執行および代表機関としての代表取締役の2つに分けられ、個々の取締役は取締役会の構成員であると同時に代表取締役の地位の前提となる。

取締役会設置会社である株式会社の業務執行がこのような並列的な体制をとっているのは、株主総会の権限が制限され（会295条2項）、業務執行機関の権限が拡大されたので、できるだけそれを慎重かつ適正に行使させようとした結果である。

そしていずれの会社におけるにせよ、取締役は、会社の実質的所有者である株主から会社の合理的運営を委任されたものであり、取締役と会社との間の法律関係は委任の規定に従う（会330条）から、取締役は会社に対して善良な管理者としての注意義務（善管注意義務）を負担する（民644条）。すなわち、会社の業務および経理などに対して相当程度の知識、経験および能力を有する標準型の人が職務を行うにあたり、通常払うであろう注意の程度というのが善管注意義務である。そして忠実義務（会355条）は善管注意義務を明確にしたもので、これとは別の高度の義務を規定したものではない*3-2。

したがって、取締役は受任者として会社の利益のために（ひいては株主の利益のために）その権限を行使せねばならない。

*3-1　会社は自己の意思を有し、行為をする能力を有するが、会社自体が意思決定や行為をするわけではない。会社の組織上一定の地位にあり、一定の権限を有する自然人のなした意思決定または行為を会社の意思決定または行為と認めるわけであり、こ

うした関係に立つ会社の組織上の存在を機関という。

＊3－2　忠実義務が善管注意義務とどのような関係に立つかについて議論がある。判例（八幡製鉄政治献金事件。最高裁昭和45年6月24日判決）通説は、忠実義務は善管注意義務と同質のものであり、善管注意義務を商法上より明確にしただけのものであるとする。したがって、この考え方によれば、忠実義務も取締役が職務を行う際に要求される義務にすぎないことになる。さらにいえば、競業避止義務も利益相反取引も、忠実義務の延長線上にはないことになる。

第2節　取締役

1　取締役の資格、員数

　取締役に「こうあらねばならない」とするような積極的資格について法定の要件はなんらない。しかし「こうあってはならない」とする消極的資格については制限がある。
　欠格事由（会331条1項）、株主限定の禁止（会331条2項）、兼任制限（会335条2項）がそれである。

1　欠格事由

　取締役は会社の重要な地位を占めるものであるから、欠格事由が法定されている（会331条1項）。
　まず、旧法にも以下の者が欠格事由と定められていた（商254条の2）。

① 　成年被後見人[3-3]または被保佐人[3-4]（商254条の2第1項）
② 　破産者（復権していないもの）（商254条の2第2項）
③ 　商法・商法特例法・有限会社法・中間法人法所定の罪により刑に処せられ、その執行を終わった日または執行を受けないことが確定した日から2年を経過していない者（商254条の2第3項）
④ 　③の罪以外の罪により禁固以上の刑に処せられ、その執行を終わっていない者、またはその執行を受けないことが確定していない者（執行猶予中の者を除く）（商254条の2第4項）

　会社法も基本的には旧法を引き継いでいるが、若干の変容を加えている。
　まず破産者であるが、経営者が会社の債務を個人保証し会社の経営破綻と同時に個人としても破産することが少なくない。そこで破産した者すべてについて取締役になることができないとすることは、債務者に経済的再生の機会をできるだけ早期に与えるという観点からは酷である。そこで、

会社法は、商法が取締役の欠格事由としていた「破産手続開始の決定を受け復権していない者」を取締役の欠格事由から外した。

他方、金融商品取引法は公開会社に関する法秩序と同視されるものであり、また各種倒産法制は株式会社の清算手続と同視されるものである。そこで、これらの法律に定める罪を一般の犯罪よりも厳しく扱うこととし、金融商品取引法や各種倒産法制に定める罪を犯した者を欠格事由に加えることとした（会331条1項3号）。

すなわち、会社法等所定の罪により刑に処せられ、その執行を終わり、または執行を受けることがなくなった日から2年を経過していない者は、いわゆる会社犯罪者であり、欠格である。これは極めて厳しい欠格事由といえる。要は、会社犯罪者は罰金刑だろうと執行を猶予されようと、欠格者にあたることになる。

また、法人や、外国の法令上成年被後見人または被保佐人と同様に取り扱われている者が、取締役になることができないことを明文化した（会331条1項1号、2号）。

なお、取締役の欠格事由に関する上記規定は、監査役にも準用される（会335条1項）。

以上の者を株主総会で取締役に選任しても、その総会の選任決議は無効である。

* 3－3　成年被後見人とは、精神上の障害により事理弁識能力を欠く常況にあるものについて家庭裁判所が後見開始の審判をしたものである。
　　　事理弁識能力を欠くとは、自己の行為の結果について合理的な判断をする能力、すなわち意思能力のないことを意味し、常況にあるとは、常に心神喪失の状態にある場合のみならず、時々は本心に復するものであっても、通常は事理弁識能力のないものも含む。
* 3－4　被保佐人とは、精神上の障害により事理弁識能力が著しく不十分なものについて家庭裁判所が保佐開始の審判をしたものである。

2　株主限定の禁止

取締役を株主に限ることができるか。選任された取締役が株主であって

も問題はない。株主でなければ取締役になれないと規定することの是非である。すなわち定款などで取締役を株主に限定することが問題なだけで、結果的に株主を取締役に選任することはいっこうに差し支えない。

会社法は、公開会社については商法と同様に定款の定めをもってしても取締役の資格を株主に限ることはできないとしつつ、非公開会社については、定款をもって取締役の資格を株主に限定することを認めた（会331条2項）。なお、この規定は、監査役についても準用される（会335条1項）。

これは公開会社においては実質的にも所有と経営が分離していることが想定され、小株主の利益も考えれば取締役の人材を広く株主以外にも求めよとの法の趣旨と、小株主を法的にも締め出す（たとえば、一定数以上の株式数の保有を要件とする）弊害が考えられるためである。非公開会社では株主構成は固定した均質のものであり、所有と経営が完全には分離しておらず、公開会社のような弊害等も考えにくいところから、定款自治に任せたものである。

3　取締役と他の地位との兼任

取締役は、自社の監査役や親会社の監査役を兼ねることができない（335条2項）。自己監査となったり（監査役の受任者性に反する）、監査される側の影響を受ける監査となったりして（監査役の独立性に反する）、公正な監査が期待できないからである。上記の場合が禁じられるだけであるから、親会社の取締役が子会社の監査役を兼務することはできる（反対説はある）。また、もちろん親会社の取締役が子会社の取締役を兼務することもできる。

さらに、取締役は使用人を兼ねることができる。これを使用人兼務取締役という。取締役営業部長、取締役支店長などがそれであり、現に多くの会社において行われている。しかし、取締役会設置会社において取締役会と代表取締役とを分離し、前者に後者の監督義務を課した（会362条2項2号）法の趣旨からすると、使用人兼務取締役などの社内重役のみで取締役会を構成するのは望ましいことではなく、代表取締役に対する十分な監督を期待するのであれば、若干の社外取締役を加えるべきであろう。取締役

の、代表取締役からの独立性の要請である。

　また、委員会設置会社の取締役は、当該委員会設置会社の支配人その他の使用人を兼ねることができない（会331条3項）。委員会設置会社の取締役は監督機関としての役割が重視されるからである。

4　社外取締役

　社外取締役とは、株式会社の取締役であって、当該株式会社またはその子会社の業務執行取締役もしくは執行役または支配人その他の使用人でなく、かつ、過去に当該株式会社またはその子会社の業務執行取締役もしくは執行役または支配人その他の使用人となったことがないものをいう。取締役の資格の問題ではないが、ある種の取締役の資格に関するものであるので、ここで取り上げておく。この社外取締役は、会社またはその子会社の業務執行取締役以下になったことがない者であるから、代表取締役の影響下に入ったことがなく、したがって代表取締役からの独立性が保たれていることが期待される者である。しかし、かつて業務を執行しない取締役であったものは社外取締役になれるし、親会社の業務執行取締役だったものも社外取締役になれることになる。この点で独立性の確保は不十分なものともいえる。

　特別取締役を選定する場合（会373条1項2号）または委員会設置会社を選択する場合（会400条3項）には、社外取締役が義務づけられている。

　1つは特別取締役を選定する場合で、この場合には取締役の数が6名以上で、そのうち1名が社外取締役でなければならない（会373条1項）。また、委員会設置会社を選択する場合には、3つの委員会を構成するのは各3名以上の取締役で、その過半数は社外取締役でなければならない（会400条1項、3項）。

5　員　数

　取締役会設置会社においては、取締役は、3人以上でなければならない（会331条1項）。

　非取締役会設置会社においては、1人または2人以上の取締役を置かな

ければならない（会326条1項）。定款で最低数を高め、または最高限を定めてもよい。法律、定款の最低数を下回った場合は、直ちに株主総会を招集して後任の取締役を選任する。これを補完するため、ある取締役の任期満了や辞任などによって欠員が生じた場合は、退任した取締役は後任の取締役が選任されるまで、取締役としての権利義務を負う（会346条1項）。しかし、死亡などの場合は権利義務を負うことは不可能であるし、解任等の場合は不適当なので、株主総会での選任が困難であれば、裁判所に請求して仮取締役を選任してもらうことができる（会346条2項）。

　会社法は、取締役が辞任するなどして、法や定款で定められた人数を欠くこととなる場合に備えて、補欠の取締役（補欠取締役）を株主総会決議であらかじめ選任しておくことができるとした。また、このような補欠となるべき者の予選は、監査役または会計参与についても認められる（会329条1項2項）。したがって補欠役員をあらかじめ選任しておけば法律または定款に定める人数を欠くに至った場合でも、臨時株主総会を開催する必要はなくなる。

　上場会社の取締役の員数は「5人以上10人未満」が過半数であり、員数の低減傾向は10年以上に亘るものである。実質的な審議を行うのに適正な規模に収斂してきたと評価できる。

2　任　期

　株主構成の変化に伴い一定期間ごとに株主の意思を問い直す必要があることから、取締役の任期は選任後2年（委員会設置会社の場合は1年）以内に終了する事業年度のうち最終のものに関する定時総会の終結の時までとする（会332条1項、3項）。ただし、定款または株主総会決議により任期を短縮することもできる（会332条1項但書）。

　株主構成の変化が頻繁に生ずることが予定されていない非公開会社（委員会設置会社を除く）については、定款で、その任期を選任後10年以内に

終了する事業年度のうち最終のものに関する定時総会の終結の時まで伸長することができる（会332条2項）。株主構成の変化が予定されていないのであれば頻繁に株主の意思を問い直す必要はないからである。

　上記の取扱いは、当該会社において最初（すなわち設立時）に選任される取締役の任期についても同様とする。同じく監査役についても設立時の監査役の任期についての特例は設けられていない。

　下記の定款変更をした場合には、取締役の任期は、当該定款変更の効力が生じた時に満了する（会332条4項）。したがって、あらためて取締役を選任することを要する。

　イ　委員会設置会社となる旨の定款変更
　ロ　委員会設置を廃止する定款変更
　ハ　非公開会社が公開会社となる定款変更（委員会設置会社が行う場合を除く）

　なお、取締役の任期に関する上記規定は、会計参与についても準用される（会334条1項）。

　また、代表取締役の任期に明文の規定はないので、定款または取締役会の決議によって定まることとなり、それがなければその地位の前提である取締役の任期によることになる。

3　選任・解任

1　選　任

　役員（取締役、会計参与および監査役）および会計監査人は、株主総会の普通決議によって選任する（会329条1項、309条1項）。役員および会計監査人は、いつでも株主総会の決議によって解任することができる（会339条1項）。その解任決議は普通決議で足りる（会309条1項）が、累積投票（会342条）で選任された取締役または監査役を解任する場合は特別決議によることを要する（会309条2項7号）。

役員の選任または解任を行う場合の株主総会決議の定足数は、定款で定めても、議決権を行使することができる株主の議決権総数の3分の1以上でなければならない。取締役の地位の重要性から選任決議の慎重を期すためである。また、定款の定めにより決議要件を出席株主の議決権の過半数より高めることができる（会341条）。

　以上より、取締役の選任は株主総会の専属事項[3-5]である（会329条）。会社すなわち株主全体にとって最重要の受任者の選任は、会社の実質的所有者である株主総会の意思に掛からしめるべきだからである。したがって、たとえ定款の規定をもってしても他の機関に委任することはできない（会295条3項）。ただし、設立のときは、発起設立[3-6]の場合は発起人[3-7]（会40条）が、募集設立[3-8]の場合は創立総会[3-9]（会88条）が選任する。

　非公開会社（株式譲渡制限会社）では、取締役選任権を有する種類株式が発行できる（会108条1項柱書、9号）。これは旧法時代に、ベンチャーキャピタルなどがベンチャー企業に独自の取締役・監査役を送り込めるように、譲渡制限会社に限って、取締役・監査役の選解任権に関する数種の株式を発行することが認められた（商222条但書、同条6号）。しかし、ベンチャー企業を法律的に定義することが困難なので、こうしたベンチャー企業の多くは株式の譲渡制限をしていることに着眼して譲渡制限会社とした。これを会社法も受け継いだものである。

*3-5　専属事項とは、他の機関に一任することが許されない事項をいう。
*3-6　発起設立とは、発起人がすべての株式を引き受ける設立態様をいう。
*3-7　発起人とは、会社設立の企画者として定款に署名したものをいう。自ら会社の構成員となり、設立事務を執行して未完成な会社を完全な会社に発展生成させる。
*3-8　募集設立とは、発起人が引き受けた残りの株式について株主を募集する設立態様をいう。
*3-9　創立総会とは、募集設立の場合における設立中の会社の議決機関であり、設立後の会社における株主総会に当たる。

2 累積投票

累積投票とは、総会で2名以上の取締役を選任する場合、各株主に1株（単元株制度を採用している会社では1単元）につき選任される取締役の数と同数の議決権を認め、各株主がその議決権の全部を1名の候補者に投票するか、または分散して数名の候補者に投票するかを任せ、最多得票を得た候補者から順に予定人数まで当選者とする制度である。

これによれば、少数派株主も全議決権を1候補者に集中させることにより当選者を得ることが可能となる。ある意味で比例代表制の実現であるが、その結果、取締役会に党派的対立を持ち込むことにもなり、会社業務の円滑な運営を阻害する危険がある。そこで多くの会社では、定款で累積投票を完全に排除しているのが実情である（会342条1項）。

3 選任の効果

取締役の選任決議があっても、それだけで自動的に被選任者が取締役となるわけではなく、被選任者の承諾が必要である。選任決議は単に株主総会の意思であって、それだけで被選任者との間に委任契約が成立するわけではないからである。

通常、この承諾は就任承諾書によるが、株主総会の議事録に被選任者が株主総会の席上（したがって、被選任者が株主総会に出席していることが必要である）で承諾した旨が明記されていれば、就任登記申請の添付書類は議事録のみで足りる。

4 辞 任

取締役と会社との関係は委任に関する規定に従う（会330条）から、任期満了のほか、民法の規定に従って委任契約の終了事由があれば終了する。取締役の死亡、後見開始が終了事由となるし（民653条）、また取締役はいつでも辞任することができる（民651条）。株主総会の承認がなければ辞任できないなどの特約がある場合でも、およそ取締役の辞任はいつでもなしうるとするのが、商法学上の一般的見解である。

しかし、会社のために不利な時期に辞任したときは、取締役は民法第651

条第2項により損害賠償責任を負わされる。ただし、長期に亘る疾病などのやむを得ない事情があったときは賠償責任を負わされない。不利な時期とは、一般的には会社が他に取締役を求めることができない時期をいう。

5 解 任

逆に会社は、いつでも株主総会の決議をもって取締役を解任できる。ただし、正当な事由がなく解任したときは、会社は損害賠償を要する（会339条1項2項）。また少数株主による解任請求も可能である（会854条）。

正当な事由がなく解任したとき会社は損害賠償責任を負うが、正当な事由とは、具体的には、取締役に職務執行上の法令定款違反行為があった場合、心身の故障のため職務執行に支障がある場合、職務への著しい不適任等である。

なお、損害賠償の範囲は、当該取締役が解任されなければ残任期間中と任期満了時に得られたであろう利益（所得）の喪失による損害である。具体的には、役員報酬、支払いを受けた可能性の高いときは賞与や退職慰労金も認められる。弁護士費用は、不当応訴[*3-10]などの特段の事情のない限り認められず、不当に役職を奪われたことに対する精神的損害、すなわち慰謝料も認められない。

取締役選任決議取消、無効確認、不存在確認、解任の訴えなどが提起されても、それらに理由のないことがありうるので、当然に職務執行が停止されるわけではないが、だからといって、そのまま職務執行をさせるのが不適当な場合もある。

そこで民事保全法上の仮処分の制度[*3-11]にもとづき、裁判所は当事者の申立てによって、取締役の職務執行を停止し、さらに職務代行者の選任もできる。

*3-10 不当応訴とは、本来争うべき理由がないときに、いたずらに相手方を困惑させるためにのみ請求を拒み、訴訟に持ち込まざるを得ないように仕向けるような場合を指す。

*3-11 仮処分の制度とは、請求権の存否について訴訟により判決の確定を待っていては、目的物が第三者に譲渡されたりして判決が実効性を持たなくなる。これを防止するために物の現状維持などをはかる制度である。

6 取締役の選任退任登記

代表取締役、取締役、会計参与、監査役（役員ではないが会計監査人）が選定、選任されたときは選任登記をする（会911条3項、915条）。氏名変更、代表取締役の住所変更などのときは変更登記をし、取締役が株主総会で再任されたときは、取締役の重任登記をする。取締役、代表取締役が解職、退任したときは退任登記をする。

これらの登記は、変更等があったときから本店所在地で2週間以内に、代表取締役が行う。これを懈怠すれば100万円以下の過料となる（会976条1号）。

取締役、監査役の選任登記、重任登記の登記申請書には株主総会議事録と就任承諾書（取締役の就任承諾の旨が議事録に記載されていれば承諾書は不要）を添付する。退任登記には退任事由に応じて所定の必要書類を添付する。必要書類とは、辞任届、破産決定正本、戸籍謄本、総会議事録などである。

代表取締役の選定のときは代表取締役の住所、氏名を登記する。この場合は取締役会議事録（就任承諾書）を添付する。

なお、辞任した取締役は会社に対して自己の取締役辞任の変更登記を請求できるかという問題があるが、判例では肯定したものと否定したものとがあり、通説は肯定する。

商業登記制度の目的から登記は事実と一致する必要があり、この趣旨から会社は変更登記をなすべき公法上の義務とともに、不実登記[*3-12]の対象者に対しても私法上も変更登記をなす義務を負うと解せる。辞任の登記がなされないと、誤認にもとづいて責任追及の訴えを提起されたり、さらに登記による事実上の推定を受ける不利益がある。

*3-12　不実登記とは、登記の記載内容が実態に合致していない登記のことである。

7 選任決議取消・無効

取締役の選任は株主総会で行うので、選任決議の取消し・無効は株主総会決議の取消し・無効という形で現れる。株主総会の箇所で述べたが、再

度簡潔に述べておく。

① 株主総会等（株主総会、種類株主総会、創立総会、種類創立総会）の決議の取消しの訴え（会831条）

株主総会等の招集手続または決議の方法が法令や定款に違反し、または著しく不公正なとき、株主総会等の決議の内容が定款に違反するとき、特別利害関係人[*3-13]が議決権を行使したため著しく不当な決議がなされたときは、株主総会等の決議は取り消されることになる。

提訴権者（株主、取締役（清算人）、監査役、執行役ら）、提訴期間（決議の日から3か月内）の制限がある。判決には対世効[*3-14]がある。

具体的には、株主総会の招集通知もれ、招集通知の記載の不備、招集通知期間の不足、取締役会の決議を経ない代表取締役の招集、取締役や監査役の説明義務違反、定足数の不足、非株主の決議参加、多数決の要件不足などである。

② 株主総会等の決議無効確認・不存在確認の訴え（会830条）

決議が存在しない場合、または決議の内容が法令に違反する場合がこれにあたる。この訴えは確認の利益がある限り、誰でもいつでも訴えを提起できる。判決には対世効がある。

不存在事由としては、議事録はあるが集会がまったくなかった、招集通知を受けた株主が僅少、取締役会の決議を経ないで平取締役が招集した場合などがこれにあたる。

[*3-13] 特別利害関係人とは、決議について個人的利害関係を有する者をいう。株主は、自己の利益のために株式を取得した者であるから、自己の個人的利益を考慮して議決権を行使できることは当然であり（株主の所有者性）、たとえ特別利害関係を有していたとしても議決権は排除されない。そして特別利害関係を有する株主が議決権を行使した結果、他の株主に犠牲を強いるような場合にのみ事後的に取り消せるとすれば足りる。

これに対して、決議について特別利害関係を有する取締役は、決議に参加することができない（商260条の2第2項）。会社のために行動せよとする受任者性と、決議についての個人的利益とが衝突し、公正な議決権の行使が期待できないからである。

*3-14 対世的効力とは、判決の効果は原則として原告被告当事者間にのみ効力を生ずるものであるが、会社においては関係者が多数になるので、判決の効力を世間一般に及ぼすものとして画一的に処理するようにしていることをいう。

8 欠員の場合の措置

　取締役が終任した結果、法律または定款で定める員数を欠くに至った場合は、遅滞なく株主総会を開いて後任取締役を選任し、職務を引き継がせる必要がある（会976条22号）。しかしその後任取締役が選任されるまで取締役が欠けることになるので、法は任期の満了または辞任により退任した取締役に新たに選任された取締役が就任するまで、なお取締役の権利義務を有するとして（会346条1項）、継続義務を課した。この義務は任期の満了または辞任により退任した取締役にのみ課されるもので、死亡や解任の場合には適用がない。死亡の場合には継続は不能であるし、解任の場合には会社との間の信頼関係が失われているからである。

　また取締役が終任した結果、法律または定款で定める員数を欠くに至った場合、裁判所は、必要があると認めるときは、利害関係人の申立てにより、一時役員の職務を行うべき者を選任することができる（会346条2項）。2項において「前項に規定する場合」とあるのは「法律または定款で定める員数を欠くに至った場合」を指しており、取締役が任期の満了または辞任により退任した場合のみを指しているわけではない。

　またこうした場合に備えて、補欠取締役を選任しておくこともできる（会329条2項）。

第3節 非取締役会設置会社の取締役

1 意義

　非取締役会設置会社の取締役は、会社の業務執行および会社を代表する必要的機関である。

2 会社の業務執行機関

　取締役は、定款に別段の定めがある場合を除き、非取締役会設置会社の業務を執行する（会348条1項）。業務執行とは、会社の目的たる事業を遂行するのに必要な事務を処理することであり、法律行為のみならず事実行為も含まれる。しかし、定款変更、合併、会社分割等の会社の組織に関する行為は含まれない。

　取締役が2人以上ある場合には、株式会社の業務は、定款に別段の定めがある場合を除き、取締役の過半数をもって決定する（会348条2項）。その場合には、取締役は、支配人の選任および解任、支店の設置、移転および廃止、株主総会の招集決定、取締役の職務の執行が法令および定款に適合することを確保するための体制その他株式会社の業務の適正を確保するために必要なものとして法務省令で定める体制の整備（内部統制システムの構築）、定款の定めにもとづく取締役等による責任の免除についての決定を各取締役に委任することができない（会348条3項）。また、大会社においては、取締役は、内部統制システムの構築に関する事項を決定しなければならない（会348条4項）。

3　会社の代表機関

　非取締役会設置会社の取締役は、他に代表取締役その他会社を代表する者を定めた場合を除いて、会社を代表する（会349条1項）。

　会社を代表するとは、取締役の行為がそのまま会社自体の行為として法律効果を生ずる関係をいい、その権限の範囲は、会社の業務に関する一切の裁判上または裁判外の行為に及び、それを制限しても、その制限を善意の第三者に対抗することができない包括的無制限なものである（会349条4項、5項）。

　取締役が2人以上ある場合には各取締役が会社を代表する（会349条2項）。また、定款、定款の定めにもとづく取締役の互選または株主総会の決議によって、取締役の中から代表取締役を定めることもできる（会349条3項）。

第4節 取締役会

1 取締役会設置会社の取締役の職務権限

　取締役会設置会社の各取締役は取締役会の構成員にすぎないが、株主総会に出席するほか、会社の運営が軌道をはずれた場合に各種の訴えを提起することができる。すなわち、株主総会決議取消の訴え（会831条）、株主総会決議無効確認・不存在確認の訴え（会830条）、会社の組織に関する行為の無効の訴え（会828条）などの提起である。

　さらに、単に取締役会の上程事項に限らず、代表取締役の業務執行一般について監視し、必要があれば自ら取締役会を招集し、あるいは招集を求め、取締役会を通じて代表取締役の業務執行を適正に行わせる職責がある（最高裁昭和48年5月22日判決）。

2 取締役会の意義

　取締役会は、取締役全員によって構成される合議体であり、その会議における決議をもって業務執行に関する会社の意思決定をする必要的機関である。すなわち、取締役会は取締役会設置会社の業務執行の決定、取締役の職務の執行の監督、代表取締役の選定および解職を行う（会362条2項）。

　取締役会を合議体にした理由は、取締役会の権限が広汎であるので、取締役の協議によって妥当な結論に到達することを法が期待したからである。

3 取締役会の意思決定権限

　取締役会は、業務執行に関する会社の意思を決定する業務執行の意思決定権限（会362条2項1号）を有する。

　この意味するところは、法令・定款をもって株主総会の権限とされている事項は除き、会社法第362条第4項に掲げる事項その他の重要な業務執行の決定を取締役に委任することができない（会362条4項）ということである。それ以外の事項は一般的には代表取締役に委任しているものと解される。法定されている事項を列挙すると、

- 株主総会の招集（会298条4項）
- 取締役会の招集権者の指定（会366条1項但書）
- 代表取締役の選定・解職（会362条2項3号）
- 取締役の競業取引の承認・利益相反取引の承認（会365条）
- 公開会社における募集株式の発行（会201条）
- 計算書類等の承認（会436条3項）
- 法定準備金の資本組入（会448条3項）
- 募集社債に関する事項の決定（会362条4項5号）
- 重要財産の処分・譲受け、多額の借財、支配人その他の重要な使用人の選任・解任、支店その他の重要な組織の設置・変更・廃止（会362条4項1号〜5号）
- 内部システムの構築に関する決定（会362条4項6号）
- 定款の定めにもとづく取締役等の責任の一部免除（会426条1項、362条4項7号）

などである。このうち主だったものを見ておく。

1 重要財産の処分・譲受け（記載例24）

　流動資産は適切迅速な処置が必要なものであって、そのつど取締役会の決議を要求するには無理がある。したがって、取締役会決議による処分の

対象となる財産は固定資産ということになる。不動産や機械装置、工業所有権等がその典型的なものである。

なお、重要性の判断は代表取締役が行うのでは恣意的になるので望ましくない。したがって、取締役会で取締役会規則により定めておくべきである。これは会社法第362条第4項第2号の「多額の」と、第3号、第4号の「重要な」にも共通する。

第1号および第2号においては、会社総資産の1,000分の1くらいを一つの基準にして金額基準を決定するべきである。過去の判例では、会社総資産の1.6％に相当する財産を重要性ありと認定したものがある（最高裁平成6年1月20日判決）。

> **記載例24** 重要な財産の処分・譲受け
>
> 1．土地の売却について
> 　○○常務取締役から下記の土地については国土利用計画法23条1項の届出を終了し、不勧告通知書を受理したので、下記の条件で売買契約を締結したい旨を提案、議長これを議場に諮ったところ全員異議なくこれを決議した。
> 　　　　　　　　　　　　　　記
> (1) 土地の表示　東京都○○区○○町○丁目○番○号
> (2) 地目　宅地
> (3) 地積　○○○㎡（登記簿上）
> (4) 譲受人　○○　○○
> (5) 売買代金　1㎡当たり○○○万円
> (6) 支払方法　平成○○年○月○○日（○曜日）現金一括払
> (7) 登記の申請日　平成○○年○月○○日（○曜日）
> (8) 契約締結日　平成○○年○月○○日（○曜日）

2　多額の借財（記載例25）

金融機関からの借入金がその典型的なものである。商法第260条第2項第1号の場合と同様、これについても一定の金額基準を設けておくべきである。借入れのつど取締役会の決議を得るのはわずらわしいので、年度（上、下半期）資金計画表等の形で取締役会決議を得ておくべきである。

なお、旧法において、主として商法第260条第2項第1号、第2号の不明瞭さを避けるため、大会社およびみなし大会社において重要財産委員会の設置が認められていた。これらの会社では取締役の数が多く、いちいち取締役会の決議を要求していたのでは機動的な意思決定が困難であると考えられたためであった。

　しかし、重要財産委員会という新たな機関を設けるための準備が大変であったり、重要財産の処分の委任を受けていないときでも重要財産委員会という名称を使用するのに違和感があることや、近年の取締役数の減少傾向からすれば10名以上の取締役を要求するのはハードルが高いなどの理由から、重要財産委員会を採用している会社は少数にとどまっていた。そこで会社法は重要財産委員会という制度を廃止した上で、これを特別取締役の制度として再構築した（会373条）。

　委員会設置会社を除く取締役会設置会社が、取締役の数が6人以上であり、取締役のうち1人以上が社外取締役である場合には、取締役会は、会社法第362条第4項第1号および第2号に掲げる事項についての取締役会の決議については、あらかじめ選定した3人以上の取締役のうち、議決に加わることができるものの過半数が出席し、その過半数をもって行うことができる旨を定めることができるとして、取締役会と別の機関という構成をとらず、取締役会の決議要件（会369条）の特則として構成し、具体的委任の有無にかかわらず決議権限を有するものとした。

記載例25　多額の借財

平成〇〇年度上半期資金計画について
　〇〇常務取締役から標記について末尾添付の「平成〇〇年度上半期資金計画」にもとづき資金計画を説明、〇〇〇億円の借入と〇〇億円の資金運用を提案、議長これを議場に諮ったところ全員異議なくこれを決議した。
「平成〇〇年度上半期資金計画」（省略）

3 支配人その他の重要な使用人の選任・解任（記載例26）

　支配人とは最重要商業使用人であり、その名称（支店長、支社長、営業所長、出張所長等）を問わず、営業主からその営業に関する包括的代理権を授与されている者をいう（通説）。

　重要な従業員とは本社の部長、工場長、研究所長等である。

> **記載例26**　支配人その他の重要な使用人の選任・解任
>
> 1．所属長の人事異動について
> 　　○○専務取締役から次のとおり所属長の人事異動を行いたい旨を提案、議長これを議場に諮ったところ全員異議なくこれを決議した。
>
> 　　　　　　新　　　　　　　　　　旧
> 　　東京支店長　○○○○　　大阪支店長　　○○○○
> 　　大阪支店長　○○○○　　名古屋支店長　○○○○
> 　　千葉工場長　○○○○　　鹿島工場長　　○○○○

4 支店その他の重要な組織の設置・変更・廃止（記載例27）

　支店とは、その名称（支店、支社、営業所、出張所等）を問わず、本店以外の場所において独自の営業活動をし、対外的にも支店として取引ができる人的物的組織を備えたものをさす。

　重要な組織とは本社の部、工場、研究所等である。

> **記載例27**　支店その他の重要な組織の設置・変更・廃止
>
> 1．○○部の設置について
> 　　議長から、新規事業を強化するため来る平成○○年○月○日から、○○部を設置したい旨提案あり、議長この賛否を諮ったところ全員異議なくこれを決議した。

5 募集社債に関する事項の決定

　会社は、その発行する社債を引き受ける者の募集をしようとするときは、そのつど、募集社債についてその総額、各募集社債の金額、募集社債の利率、募集社債の償還の方法および期限、利息支払の方法および期限、社債券を発行するときは、その旨などを決定しなければならない（会676条1項）。

取締役会設置会社は社債に関する事項を取締役会が決定する。非取締役会設置会社（取締役の決定）、合名会社、合資会社、合同会社も社債を発行できる。

6 内部統制システムの構築（記載例28）

旧法は、委員会等設置会社の取締役会が内部統制システム構築の基本方針を決定することを義務づけていた（商特21条の7第1項2号）。他方、委員会等設置会社以外の会社については、内部統制システムの構築義務に関する規定はなかった。しかし神戸製鋼事件、大和銀行事件[*3-15]等において、取締役は、取締役会の構成員として、リスク管理体制を構築（内部統制システムの構築）すべき義務を負うと判示されていた。

そこで、会社法は、取締役の職務の執行が法令および定款に適合することを確保するための体制、その他株式会社の業務の適正を確保するために必要なものとして法務省令で定める体制の整備に関する事項の決定として、内部統制システムの構築の基本方針の決定について、明文で規定を設けた。

非取締役会設置会社においては、取締役が2名以上いる場合には、これを取締役の合議事項とし取締役の過半数で決定することを要求し（会348条2項）、その決定を各取締役に委任することができない（会348条3項4号）。

取締役会設置会社においては、取締役会の専決事項として、その決定を代表取締役その他の取締役に委任することができない（会362条4項6号）。

大会社および委員会設置会社においては、取締役または取締役会設置会社においては取締役会が、内部統制システムの構築の決定をせねばならない（会348条4項、362条5号、416条1項～3項）。

上記のとおり、会社法は、内部統制システムの構築の決定を、大会社に対して義務づけた。また、内部統制システムの構築の決定の重要性から、当該事項の決定を取締役会の専決事項または取締役の過半数による決定事項とし、各取締役への委任を認めない。

記載例28　内部統制システムの構築

第○号議案　株式会社の業務の適正を確保する体制に関する件
　議長より、当社の業務の適正を確保する体制について、別紙記載のとおり体制を整備することとしたい旨述べ、賛否を諮ったところ、全員異議無く原案どおり承認可決した。

【添付資料】株式会社の業務の適正を確保する体制の件
1　取締役の職務の執行が法令および定款に適合することを確保するための体制
　企業倫理憲章の他、役員倫理規則を定め、必要に応じ外部の専門家を起用し法令定款違反行為を未然に防止する。取締役が他の取締役の法令定款違反行為を発見した場合は直ちに監査役および取締役会に報告するなどガバナンス体制を強化する。

2　取締役の職務の執行に係る情報の保存および管理に関する体制
　取締役の職務執行に係る情報については、情報管理規程にもとづきその保存媒体に応じて適切かつ確実に検索性の高い状態で保存・管理することとし、必要に応じて10年間は閲覧可能な状態を維持することとする。

3　損失の危険の管理に関する規程その他の体制
　(1)　当社は、当社の業務執行に係るリスクとして、以下①から③のリスクを認識し、その把握と管理、個々のリスクについての管理責任者についての体制を整えることとする。
　　　①　……
　　　②　……
　　　③　……
　(2)　リスク管理体制の基礎として、リスク管理規程を定め、個々のリスクについての管理責任者を決定し、同規程に従ったリスク管理体制を構築する。不測の事態が発生した場合には、社長を本部長とする対策本部を設置し、情報連絡チームおよび顧問弁護士等を含む外部アドバイザリーチームを組織し迅速な対応を行い、損害の拡大を防止しこれを最小限に止める体制を整える。

4　取締役の職務の執行が効率的に行われることを確保するための体制
　(1)　取締役の職務の執行が効率的に行われることを確保するための体制の基礎として、取締役会を月1回定時に開催するほか、必要に応じて適宜臨時に開

催するものとし、当社の経営方針および経営戦略に関わる重要事項については事前に会長、社長、副社長によって構成される経営会議において議論を行い、その審議を経て執行決定を行うものとする。
　(2)　取締役会の決定にもとづく業務執行については、組織規程、業務分掌規程において、それぞれの責任者およびその責任、執行手続の詳細について定めることとする。

5　使用人の職務の執行が法令および定款に適合することを確保するための体制
　(1)　コンプライアンス体制の基礎として、企業行動憲章およびコンプライアンス基本規程を定める。
　　　社長を委員長とする内部統制委員会を設置し、内部統制システムの構築・維持・向上を推進するとともに、その下部組織としてコンプライアンス統括室を設置し、コンプライアンス体制の整備および維持を図ることとする。必要に応じて各担当部署にて、規則・ガイドラインの策定、研修の実施を行うものとする。
　(2)　内部監査部門として執行部門から独立した監査部を置くとともに、コンプライアンスの統括部署として、コンプライアンス統括室を設置する。
　(3)　取締役は当社における重大な法令違反その他コンプライアンスに関する重要な事実を発見した場合には直ちに監査役に報告するものとし、遅滞なく経営会議において報告するものとする。
　(4)　法令違反その他のコンプライアンスに関する事実についての社内報告体制として、社外の弁護士、第三者機関等を直接の情報受領者とする社内通報システムを整備し、社内通報規程にもとづきその運用を行うこととする。
　(5)　監査役は当社の法令遵守体制および内部者通報システムの運用に問題があると認めるときは、意見を述べるとともに、改善策の策定を求めることができるものとする。

6　株式会社並びにその親会社および子会社から成る企業集団における業務の適正を確保するための体制
　(1)　グループ会社における業務の適正を確保するため、グループ企業すべてに適用する行動指針として、グループ企業行動憲章を定め、これを基礎として、グループ各社で諸規程を定めるものとする。
　　　経営管理については、グループ会社経営管理基本方針を定め、子会社管理規程に従い、当社への決裁・報告制度による子会社経営の管理を行うものと

し、必要に応じてモニタリングを行うものとする。
　　　取締役は、グループ会社において、法令違反その他コンプライアンスに関する重要な事項を発見した場合には、監査役に報告するものとする。
　(2)　子会社が当社からの経営管理、経営指導内容が法令に違反し、その他、コンプライアンス上問題があると認めた場合には、監査部またはコンプライアンス統括室に報告するものとする。監査部またはコンプライアンス統括室は直ちに監査役に報告を行うとともに、意見を述べることができるものとする。監査役は意見を述べるとともに、改善策の策定を求めることができるものとする。

7　監査役の職務を補助すべき使用人に関する体制と当該使用人の取締役からの独立性に関する事項
　(1)　監査役の職務を補助すべき使用人に関する規程を定め、監査役の職務を補助すべき使用人として、当社の使用人から監査役補助者を任命することとする。監査役補助者の評価は監査役が行い、監査役補助者の任命、解任、人事異動、賃金等の改定については監査役会の同意を得た上で取締役会が決定することとし、取締役からの独立を確保するものとする。
　(2)　監査役補助者は業務の執行にかかる役職を兼務しないこととする。

8　取締役および使用人が監査役に報告をするための体制その他の監査役への報告に関する体制および監査役の監査が実効的に行われることを確保するための体制
　(1)　取締役および使用人が監査役に報告すべき事項および時期についての規程を定めることとし、当該規程に基づき、取締役および使用人は当社の業務または業績に影響を与える重要な事項について監査役にそのつど報告するものとする。前記に関わらず、監査役はいつでも必要に応じて、取締役および使用人に対して報告を求めることができることとする。
　(2)　社内通報に関する規程を定め、その適切な運用を維持することにより、法令違反その他のコンプライアンス上の問題について監査役への適切な報告体制を確保するものとする。

＊3－15　大和銀行ニューヨーク支店の行員が無断取引等を行って銀行に損害を与えたことにつき、当時の取締役らに内部統制システムの構築に関し、善管注意義務および忠実義務の違反があったとして、株主から銀行のため同取締役らに対してした損害賠償請求が認められた事例（大阪地裁平成12年9月20日判決）

7 定款の定めにもとづく取締役等の責任の一部免除

同章第7節3 3 で後述する。

8 代表取締役の選定・解職（記載例29）

　取締役会は、取締役会設置会社の業務執行の決定、取締役の職務の執行の監督、代表取締役の選定および解職を行う（会362条2項）ので、代表取締役は取締役会の決議により、取締役の中から選定される（会362条3項）。したがって、代表取締役は取締役会の構成員を兼ね、それにより意思決定と執行との連携が期せられる。員数は1人でも数人でもよく、実際上は定款で社長、専務取締役、常務取締役*3-16などを置き、これらを代表取締役としている。原則として複数いても各自が単独して会社を代表する。なお、取締役会はその決議をもって取締役を解任することはできないが、代表取締役を解職することはできる（会362条2項3号）。取締役会によって代表取締役が解職されれば、ただの取締役になる。

> **記載例29** 代表取締役選定の件
>
> 　議長より、本日の第○○回定時株主総会において取締役全員が改選されたので、定款○○条の規定に基づき代表取締役を選定したいと諮ったところ、全員一致して代表取締役に○○○○および○○○○を選定し、同時に○○○○は社長に、○○○○は副社長に選定され、両氏はそれぞれの就任を承諾した。

＊3－16　専務取締役や常務取締役といったこれら名称の取締役は、代表権（代表権の有無は、あくまでも取締役会で代表取締役に選任されたか否かである）がなかった場合でも、対外的には表見代表取締役として責任を問われる場合がある。しかし、対会社の関係ではその地位は明確ではない。このような業務担当取締役は、使用人兼務取締役などとは異なり、業務執行自体に当たる定款上の機関と見るべきである。

9 株主総会の招集（記載例30）

　株主総会は、原則として取締役会の決議（総会の日時・場所・議題の決定等）にもとづき、代表取締役が招集通知（書面）を発して招集する（会298条4項）。なお、少数株主にも招集権がある（会297条）。定時株主総会（主として計算書類の承認）と臨時株主総会とがあるが、招集手続は同じである。

詳細は、「第2章　株主総会」で述べた。

記載例30　第〇回　定時株主総会招集の件

> 議長より当社第〇回定時株主総会を下記の要領により開催したい旨諮ったところ、全員異議なく承認可決した。
> 1　日時　平成〇年〇月〇日（〇曜日）午前〇時より
> 2　場所　東京都港区西新橋〇丁目〇番〇号
> 　　　　　当会社　第1会議室
> 3　会議の目的事項
> 　　報告事項
> 　平成〇年〇月〇日現在貸借対照表、第〇期（自平成〇年〇月〇日、至平成〇年〇月〇日）損益計算書、株主資本等変動計算書、個別注記表および事業報告の報告の件
> 　別紙計算書類等につき会計監査人および監査役会のそれぞれ監査を受け、平成〇年〇月〇日開催の取締役会において承認されたのでこれを付議する。
> 　　決議事項
> 第1号議案　第〇期剰余金の処分の件
> 第2号議案　定款一部変更の件
> 　定款第〇条（事業目的）中第〇号「〇」とあるのを「□」と改める。
> 第3号議案　取締役全員任期満了につき〇名選任の件
> 　取締役全員〇名は‥

10　募集株式の発行（記載例31）

　募集株式の発行とは、会社がその成立後に株式を発行することをいう。募集株式の発行は、公開会社においては取締役会の決議によって行われる（会201条1項、199条2項）。ちなみに公開会社以外は、株主総会の決議によるが、取締役会設置会社は、募集事項の決定を取締役会に委任できる（会200条1項）。

> **記載例31** 時価発行公募の場合

> 1．新株式の発行について
>   議長から時価発行公募による新株式を次のとおり発行したい旨提案あり、議長この賛否を諮ったところ全員異議なくこれを決議した。
>   (1) 公募新株式数　普通株式　○○百万株
>   (2) 払込金額　○○○円以上の価額
>   (3) 払込期日　平成○○年○月○○日（○曜日）
>   (4) 募集方法　一般募集とし、○○証券株式会社、○○証券株式会社および○○証券株式会社に買取引受けさせる。
>   (5) その他　発行価額中資本に組み入れない額、その他この新株式発行に必要な事項は、今後の取締役会において決定する。
>   (6) 前記各号については、証券取引法による届出の効力発生を条件とする。

11 計算書類等の承認（記載例32）

　株式会社は、法務省令で定めるところにより、各事業年度に係る計算書類（貸借対照表、損益計算書その他株式会社の財産および損益の状況を示すために必要かつ適当なものとして法務省令で定めるものをいう）および事業報告ならびにこれらの附属明細書を作成しなければならない（会435条2項）。そしてこれらの計算書類等は、取締役会の承認を受けなければならない（会436条3項）。

> **記載例32** 計算書類等の提出および業績開示の承認

> 第○号議案　第○○期（平成○○年○月○○日から平成○○年○月○○日まで）事業報告、計算書類およびそれらの附属明細書ならびに第○○期業績開示承認の件
>   議長は、監査役および会計監査人監査のために提出する第○○期事業報告、貸借対照表、損益計算書、株主資本等変動計算書、個別注記表およびこれらの附属明細書および明日決算発表の際配布する決算短信について別添資料にもとづき説明、これを議場に諮ったところ、全員異議なく本議案を可決した。

4　職務執行の監督権限（362条2項3号）

　取締役会は、取締役が行う会社の職務の執行について監督の権限を有し、義務を負う。さらに、先述のとおり、各取締役には単に取締役会の上程事項に限らず代表取締役の業務執行一般について監視し、必要があれば自ら取締役会を招集し、あるいは招集を求め、取締役会を通じて代表取締役の業務執行を適正に行わせる職責がある（最高裁昭和48年5月22日判決）。したがって、取締役の違法または不当な職務執行を看過し、取締役会がなんらの措置もとらないときは、その構成員たる取締役は忠実義務または善管注意義務違反として会社に対して責任を負うことになる。

　なお、この取締役会の監督権限に実効性を与えるために、代表取締役および代表取締役以外の取締役であって、取締役会の決議によって取締役会設置会社の業務を執行する取締役として選定されたものは、3か月に1回以上、自己の職務の執行の状況を取締役会に報告することを要する（会363条2項）。この報告を懈怠した場合には代表取締役等の任務違反となる（**記載例33**）。

記載例33　報告事項

　議長の指名により、下記取締役より業務執行状況について次のとおり報告が行われた。
1．人事・組織・労務に係わること……〇〇〇〇常務取締役
　……
2．経営計画ほか各種事業計画に係わること……〇〇〇〇専務取締役
　……
3．営業の総括……〇〇〇〇常務取締役
　……
4．……事業に係わること……〇〇〇〇副社長
　……
5．……事業に係わること……〇〇〇〇常務取締役
　……
6．保証状況報告……〇〇常務取締役

5 取締役会の招集

　取締役会を招集する者は、取締役会の日の1週間（これを下回る期間を定款で定めた場合にあっては、その期間）前までに、各取締役（監査役設置会社にあっては、各取締役および各監査役）に対してその通知を発して、取締役会を招集する（会368条1項）。

1 招集権者

　招集権は原則として各取締役が有し（会366条1項）、定款または取締役会の決議により特定の取締役を招集権者と定めた場合は、その取締役が招集するが（会366条1項但書）、招集権者以外の取締役は、招集権者に対し、取締役会の目的である事項を示して、取締役会の招集を請求することができる（会366条2項）。その請求があった日から5日以内に、その請求があった日から2週間以内の日を取締役会の日とする取締役会の招集の通知が発せられない場合には、その請求をした取締役は、取締役会を招集することができる（会366条3項）。監査役についても同様である（会383条2項3項）。

　開催場所には制限はない。海外でもよいことになるが、一部の取締役の出席を困難にするためにあえて辺鄙な場所を選ぶと招集手続が違法となり、取締役会決議が無効となることがある。

2 招集手続

　原則として、取締役会の会日の1週間（発送日、開催日を除いて正味1週間）前に各取締役（監査役設置会社にあっては、各取締役および各監査役）に対して招集通知を発することが必要であるが、定款でこの期間を短縮することもできる（会368条1項）。

　株主総会が原則2週間の期間を置かれているのと対比すると取締役会の期間は短縮されている。これは株主が実質的所有者であることから、時間的余裕を与えてできるだけその議決権行使の機会を保証する必要があるのに対して、取締役は受任者であるから、たとえ時間的にさほどの余裕を与

えられていなくとも、都合をつける義務があると法が考えたためである。

ただし、全員が同意すれば招集手続を経ないでも取締役会を開催することができ（会368条2項）、したがって全員の同意で決めた定例日に開く場合は、いちいち招集を要しない。定例取締役会は、取締役会規則により日時・場所が定められ通常月1回程度開催の例が多い。会社法は、最低3か月に1回の開催を要求している（会363条2項、417条4項）。この職務執行状況の報告に関する取締役会は、書面決議不可である（会372条2項3項）。

招集通知に議題を示す必要はなく、通知は書面でなく口頭でもよい。これに反し、株主総会の招集通知は、書面投票を定めた場合または取締役会設置会社である場合は、招集通知に会議の目的たる事項（議題）を記載または記録しなければならず（会299条4項）、書面等によらねばならない（同条2項、3項）。会社の所有と経営が実質的にも分離している可能性のある取締役会設置会社の所有者である株主には、議題を示し議決権行使の機会を確実にするために書面等が要求されているが、取締役は経営の専門家として受任したものであり、そうであれば会社の業務等を常に把握しているのが当然であることから、議題を示す必要もなく、また口頭によることも可とされている。

一部の取締役に対して通知もれがあったような場合、決議の成立過程に重大な瑕疵があるので、取締役会の決議は原則として無効となる。しかし、このような場合に通知もれの取締役が仮に出席していたとしても、決議の結果に影響がなかったことが証明されたときは、決議は有効となるとするのが判例である（最高裁昭和44年12月2日判決）。

6　取締役会の決議

① 議　事

取締役会の議事については、法に特別の定めはない。したがって会議体の通常の運営方法によればよい。実際には定款や取締役会規則に定めるこ

とが多く、代表取締役社長などが議長となって運営されている。

2 決　議

　取締役会の決議は、議決に加わることができる取締役の過半数（これを上回る割合を定款で定めた場合にあっては、その割合）以上が出席し、その過半数（これを上回る割合を定款で定めた場合にあっては、その割合）以上をもって行う（会369条1項）。取締役1人に対して議決権は1つである。この条文のみから判断すると、定足数は決議要件であるので、取締役会の時間中、常にその条件を満たしていなければならないというわけではないが、開会時のみならず、討議・決議の全過程を通じて維持すべきであるとする旧法時代の判例（最高裁昭和41年8月26日判決）には注意が必要である。

　会社法は、取締役が受任者であることから、一定数以上の取締役が出席し、その討議と意見交換を通じて、妥当な選択をすることを期待していると解せるからである。

3 書面決議（持回決議）、代理人による決議

　決議は適法に開かれた取締役会の決議でなければならないので、書面による決議、すなわち、いわゆる持回決議で代用することはできないとするのが旧法時代の判例であった（最高裁昭和44年11月27日判決）。受任者たる取締役相互の協議により妥当な結論に達することを期待した、旧法の趣旨に反すると考えられたからであろう。

　なお、旧法時代からテレビ会議方式などは認められていたものの、出席が困難な取締役に便宜的な取扱いを認めるものに過ぎず、取締役会の会議自体は開催されるわけであるから書面決議を認めるものではなかった。

　しかし企業活動の国際化に伴い、海外に居住する取締役も多く、各取締役のスケジュール調整に困難をきたす事態も生じていたことから、実務界からは取締役会の書面決議を認めよとの要望が強かった。そこで、会社法は、定款の定め、取締役全員の同意および業務監査役が異議を述べないことを条件として、書面決議制度を認めることとした。

　すなわち、取締役会設置会社は、取締役が取締役会の決議の目的である

事項について提案をした場合において、当該提案につき取締役（当該事項について議決に加わることができるものに限る）の全員が書面または電磁的記録により同意の意思表示をしたとき（監査役設置会社にあっては、監査役が当該提案について異議を述べたときを除く）は、当該提案を可決する旨の取締役会の決議（**記載例34**）があったものとみなす旨を定款で定めることができる（会370条）。

記載例34 書面による取締役会議事録

1．取締役会の決議があったものとみなされる事項
　(1)　代表取締役選定の件
　　　代表取締役に取締役○○○○を選定した。
2．決議事項を提案した取締役
　　取締役　　○○○○
3．取締役会の決議があったものとみなされる日
　　平成○○年○月○○日
4．議事録作成者　取締役　　○○○○
　以上のとおり、会社法第370条の規定により、取締役会の決議があったものとみなされたので、これを証するためこの議事録を作成し、取締役全員次に記名押印する。
　　　平成○○年○月○日

　　　　　　　　　　　　　　　　　　　　　　　○○株式会社取締役会
　　　　　　　　　　　　　　　　　　　　　代表取締役　○○○○○㊞
　　　　　　　　　　　　　　　　　　　　　　　取締役　○○○○○㊞
　　　　　　　　　　　　　　　　　　　　　　　取締役　○○○○○㊞

取締役、監査役らの全員に対して取締役会に報告すべき事項を通知したときは、当該事項を取締役会へ報告することを要しない（会372条1項）（**記載例35**）。

> **記載例35** 書面による報告についての取締役会議事録

> 1．取締役会への報告を要しないものとされた事項
>   (1) 競合取引および利益相反取引についての重要事実（会社法365条2項）
>   (2) 取締役が不正の行為もしくはそのおそれ、または法令・定款に違反する事実もしくは著しく不当な事実があると認めるときの監査役の報告（会社法382条）
>   (3) 3か月に1回以上の職務執行状況報告（会社法363条2項・417条4項）を補完する報告
>   (4) 特別取締役の報告（会社法872条3項）等
> 2．取締役会への報告を要しないものとされた日
>   平成○○年○月○日
> 以上のとおり、会社法第372条第1項の規定により、取締役全員に対して取締役会に報告すべき事項の通知があったので、これを証するため議事録を作成し、議事録作成者次に記名押印する。
>   平成○○年○月○日
> 　　　　　　　　　　　　　　　　　　　　　　　○○株式会社取締役会
> 　　　　　　　　　　　　　議事録作成者　取締役　　○○○○○㊞

　ただし、代表取締役および業務執行取締役（委員会設置会社においては執行役）による取締役への定期的な（3か月に1回以上）職務執行状況の報告に関する取締役会（会363条2項、417条4項）は、実際に開催しなければならない（会372条2項3項）。

　取締役会の代表取締役等に対する、監督機能の形骸化を防ぐための規定である。

　また、取締役は個人的信頼にもとづいて選任された受任者として議決権が認められているのであるから、株主（会310条）と違って他人に委任して議決権を代理行使させることはできない。所有者株主はそもそも個性を喪失しているものであるから、常にその株主の出席を要求する必要もないし、また所有者には代理人によってでも広く議決権行使の機会を与えるべきであるのに対し、受任者たる取締役はその本人であることが重要だからである。

4 利害関係人

　決議の公正を期するため、決議について特別な利害を有する取締役は決議に加わることはできない（会369条2項）。取締役は、受任者として会社の利益のために議決権を行使すべきであるが、決議と特別利害関係を有する取締役に議決権の行使を許しては公正な決議が期待できないからである。特別利害関係とは、決議について取締役が個人的な利害関係を有することである。利益相反取引の承認における相手方取締役（**記載例36**）、競業取引の承認における取締役（**記載例37**）、代表取締役の解任における当該代表取締役などである。

記載例36　取締役の自己取引承認の件

　議長から、○○○○取締役が代表取締役を兼務している○○○○㈱が製造・販売している製品○○○を年間○○トン、○○億円で購入すること等を内容とする契約を締結したい旨の詳細説明があった。
　次いで、議長これを議場に諮ったところ、全員異議なくこれを承認した。なお、○○○○取締役は特別利害関係人のため、決議に参加しなかった。

記載例37　取締役の競業取引の承認の件

　議長から、○○○○取締役はこのたび○○株式会社の代表取締役に就任したが、同社と当社は製品○○の競業取引（当社は平成○○年○月○○日から平成○○年○月○○日までの向こう1年間○○○百万円、○○株式会社は上記期間○○○百万円それぞれ売上の計画があり、当社は上記売上のほか○○株式会社から○○百万円仕入れ販売している）をすることになるので、その取引の承認を得たい旨重要な事実を開示して提案し、議長これを議場に諮ったところ、全員異議なくこれを承認した。
　なお、○○株式会社の代表取締役を兼務している○○○○取締役は特別利害関係人のため、この決議に参加しなかった。

　この点についても、原則として、特別利害関係がある株主に議決権行使が認められているのと異なっている。株主は所有者であり、もともと自己の利益のためにその議決権を行使してかまわないものだからである。ただし、特別利害関係のある株主が議決権を行使した結果、著しく不当な決議となった場合には決議取消の事由となる（会831条1項3号）。

5　取締役会決議の瑕疵

　株主総会のような特別の訴えの手当てはないので、取締役会決議の手続きまたは内容に瑕疵がある場合には、その決議は当然に無効である。したがって、誰でも、いつでも、いかなる方法によっても無効を主張できるし、必要であれば決議無効確認の訴えも提起できる。

　たとえば、取締役会の招集通知を一部の取締役、監査役に発しなかったとき、招集通知と取締役会開催日の期間が法定の日数より短かったとき、定足数不足、違法配当決議などがこれに当たる。

6　取締役会の議事録

　取締役会の議事については、法務省令（計規101条）で定めるところにより、議事録（**記載例38**）を作成し、議事録が書面をもって作成されているときは、出席した取締役および監査役は、これに署名し、または記名押印しなければならない（会369条3項、4項）。取締役会の決議に参加した取締役であって議事録に異議をとどめないものは、その決議に賛成したものと推定される（会369条5項）ので重要な意義を有する。作成した議事録は、取締役会の日から10年間本店に備えおくことが必要である（会371条1項）。

　株主は、その権利を行使するため必要があるときは、会社の営業時間内は、いつでも、議事録等が書面をもって作成されているときは当該書面の閲覧または謄写の請求、また議事録等が電磁的記録をもって作成されているときは当該電磁的記録に記録された事項を法務省令で定める方法により表示したものの閲覧または謄写の請求をすることができる（会371条2項）。

　監査役設置会社または委員会設置会社においては、裁判所の許可を得て上記の請求をすることができる（会371条3項）。

　取締役会設置会社の債権者は、役員または執行役の責任を追及するため必要があるときは、裁判所の許可を得て、当該取締役会設置会社の議事録等について上記の請求をすることができる（会371条4項）。取締役会設置会社の親会社社員がその権利を行使するため必要があるときについても同様である（会371条5項）。

ただし、上記の裁判所の許可であるが、上記の閲覧または謄写をすることにより、当該会社またはその親会社もしくは子会社に著しい損害を及ぼすおそれがあると認めるときは許可をすることができない（会371条6項）。

このように閲覧等の要件が厳重になっている理由は、議事録の閲覧を無制限に認めると、会社は企業秘密の漏洩をおそれて重要事項は議事録に記載せず、議事録自体が空疎化するし、また総会屋などによる閲覧権の濫用を防止する必要もあるからである。

その記載事項は、開催の日時・場所、取締役総数、出席取締役・監査役の氏名、付議事項、討議の内容、討議の状況、決議の方法、決議の結果などである（規101条）。

記載例38　取締役会議事録

```
1．日　時　平成　年　月　日（　曜日）午前　時　分
2．場　所　　区　町　丁目　番　号　当社本店会議室
3．出席者　取締役○○名中○○名および監査役○名中○名出席
```
　以上のとおり出席があり、取締役□□□□が選ばれて議長となり、定刻議長席に着き開会を宣し審議に入った。

第1号議案　役付取締役選定の件
　議長は、本日開催の第○回定時株主総会において取締役全員任期満了により改選の結果取締役○○名の選任があったので、ここで役付取締役を選定したい旨を述べたところ、取締役□□□□氏から下記のとおり提案があり、全会一致をもってこれを承認した。
　被選定者はいずれも就任を承諾した。
　　　取締役社長　　□□□□
　　　専務取締役　　□□□□
　　　常務取締役　　□□□□

第2号議案　代表取締役選定の件
　議長は、今般代表取締役□□□□氏が取締役の任期満了により代表取締役たる資格を喪失し退任することになるので、改めて代表取締役を選定する必要がある旨を述べ、その選定を諮ったところ、全会一致をもって下記の者が選定された。
　なお、被選定者は直ちに就任を承諾した。
　　代表取締役　　□□□□

　以上をもって議事の全部を終了したので、議長は午前○時○○分閉会を宣した。
　以上の議事の経過の要領およびその結果を明らかにするため本議事録を作成し、出席取締役および監査役は下記に記名押印する。

平成○年○月○日
△△△△株式会社

　　　　　　　　　　　　　　　　議長　代表取締役社長　□□□□　○印
　　　　　　　　　　　　　　　　　　　専務取締役　□□□□　○印
　　　　　　　　　　　　　　　　　　　常務取締役　□□□□　○印
　　　　　　　　　　　　　　　　　　　取締役　□□□□　○印
　　　　　　　　　　　　　　　　　　　監査役　□□□□　○印

第5節　代表取締役

1　代表取締役の意義

　代表取締役は、取締役会設置会社の業務執行を行い、対外的に会社を代表する必要的常設機関である。取締役会は合議体であり、業務執行の意思決定には適するが、決定の執行には適していない。そこで取締役会が代表取締役を選定して、対内的には業務執行、対外的には会社の代表に当たらせることとしている。

2　代表取締役の選定

　代表取締役は取締役会の決議により、取締役の中から選任される（会362条3項）（記載例29）。
　したがって、代表取締役は取締役会の構成員を兼ね、それにより意思決定と執行との連携が期せられる。員数は1人でも数人でもよく、実際上は定款で社長、専務取締役、常務取締役*3-16などを置き、これらを代表取締役としている。複数いても各自が単独して会社を代表する（単独代表制）。

◆記載例29　→　89P 参照

3　代表取締役の選定決議の無効

　代表取締役の選定は取締役会で行う。そして取締役会の決議には株主総会の決議のように特別な訴えの制度がないので、取締役会の決議に手続きまたは内容の瑕疵がある場合は、一般原則により当然無効となる。
　問題は総会決議取消・無効で、代表取締役の地位の前提である取締役の

地位が奪われたとき、または取締役会決議の無効で代表取締役の地位が奪われたとき、その間に代表取締役として対外的になした行為の効果はどうなるのかということである。

これについては、善意の相手方は不実登記の信頼者[*3-17]（会908条2項）、その他善意者の保護規定（民109条、110条、112条など）を類推適用して保護していくことになる。

> [*3-17] 不実登記の信頼者とは、故意または過失で不実な登記をした場合、その登記が誤っているということを善意の第三者に対抗できない、ということである。代表取締役は登記事項なので、その地位が奪われたときに、代表権がなかったことを、それを知らなかった第三者に対抗できないことになる。

4 代表取締役の退任

代表取締役も、任期満了（ただし、代表取締役に法定の任期がないことは前述した）、辞任、解職等によって退任するほか、その地位の前提である取締役の地位を失った場合にも退任することになる。しかし、反対に代表取締役を辞任しても取締役の地位を当然に失うものではない。

取締役会はその決議をもって取締役を解任することはできないが、代表取締役を解職することはできる（会362条2項3号）。これは取締役会が代表取締役の選定権を持つ以上、当然のことである。

なお、代表取締役の退任によって法律または定款所定の員数を欠くに至ったときは、必要があれば裁判所に仮代表取締役を選任してもらえるが（会346条2項）、任期満了または辞任による退任者は、原則として後任者の就任まで引き続き代表取締役としての権利義務を有する（会346条1項）。

5　代表取締役の職務権限

　代表取締役は取締役会設置会社では法定の必要的機関であるが、非取締役会設置会社では定款、定款の定めにもとづく取締役の互選、または株主総会の決議によって選定される任意の機関である（会349条3項）。代表取締役は、執行機関として対内的および対外的な業務執行に当たる。すなわち、株主総会または取締役会の決議を執行し、取締役会に委ねられた範囲で自ら意思決定し執行する。対外的業務執行を行うので、会社の代表権を有する（会349条1項）。

1　代表権

　代表取締役の代表権の範囲は、会社の業務に関する一切の裁判上または裁判外の行為に及ぶ包括的なものである（会349条4項）。したがって、この権限に加えた制限は、善意の第三者に対抗することができない（会349条5項）。そして、代表取締役が数人いてもその各員は包括的かつ不可制限的な代表権を有するが（単独代表）、その例外として、旧法では、取締役会は数人が共同してのみ会社を代表しうることを定めることができるとする共同代表取締役の制度があった。そもそも共同代表取締役制度を設けた理由は、代表権の濫用的行使を防ぐことであったが、社内に派閥的な対立があり、他派の独断専行を防ぐような場合に共同代表取締役とすることも考えられ、共同代表取締役であることが登記事項であることとあいまって、社外に対して派閥の対立があることを公示することにもなるので、共同代表制はあまり利用されなかった。そこで、会社法において廃止された。

　例外的に監査役設置会社では監査役（会386条）が、非監査役設置会社では株主総会が定めた者（会353条）が会社を代表する場合として、会社と取締役との間の訴訟がある。この場合も取締役と会社とは利益相反の関係に立つが、訴訟は継続的発展的な関係なので、会社法第356条の利益相反取引の措置によることができない。そこで、この場合には監査役または株主総会が定めた者が会社を代表することとしている。したがって、会社

が取締役に対して訴訟提起するか否かの判断も監査役等が行うので、株主が代表訴訟を請求する相手方も監査役等となる。

　なれあいが起こるおそれは同じことであるので、取締役が取締役としての資格において当事者となる場合と、個人として当事者となる場合であるとを問わない。退任取締役との間の訴訟は代表取締役が会社を代表する。退任している以上、その間になれあいはないと考えられるからである。

2 業務執行権

　代表取締役は会社内外の業務執行を行い（会349条4項）、株主総会または取締役会の決議を執行するとともに、日常業務等の取締役会によって委任された事項を決定しかつ執行する。業務執行は機関の行為が会社の事務処理と認められる面から見たものであり、会社代表は機関が会社の行為として第三者との間で行為をなし、その効果が会社と第三者との間に生ずる関係から見たものである。業務執行には、会社の対内的な業務執行と対外的な業務執行がある。対内的な業務執行では、代表の関係は出てこないが、対外的な業務執行は他面会社代表の関係を伴い、会社代表は他面対外的な業務執行である。

6 表見代表取締役

1 総　説

　代表取締役は住所・氏名が登記事項であり（会911条3項14号、915条1項）、したがって登記簿を見れば代表権の有無はわかるはずである。しかし、実際に取引にあたってはいちいち登記簿を参照するのは煩雑でもあることから、これを厳格に要求することはできない。

　そこで社長、副社長など、通常、代表権を有するかのような名称を取締役が使用し、かつ会社がその使用を少なくとも黙認していたような場合は、このような表見代表取締役の行為については、会社は善意の第三者に対しては責を負うべきものとした（会354条）。このような名称を使用した取締

役が、たとえ代表取締役でなかったとしても、外部の人間は代表取締役と誤認しやすいのがその理由である。表見支配人（会13条）と同様に、外観法理[*3-18]によって取引の安全を図ろうとする制度である。したがって会社側の帰責事由、外観の存在、相手方の保護事由の3要件が必要である。

> [*3-18] 実態と異なる外観を作り出した者に、その外観を信頼した者に対する責任を負わせる法理論である。

2 要件

(1) 帰責事由

取締役がまったく会社に無断で社長等の名称を使用したとしても、会社は責任を負うものではない。会社に、そのような名称使用（外観作出）[*3-19]に関してなんらかの帰責事由が必要である。そこで、取締役がそのような名称を使用していることを会社が知りながら、なんらの措置も取らないときは、会社が名称使用を黙認したものとして責任を負わされることになる（最高裁昭和42年4月28日判決）。

(2) 外観の存在

「株式会社を代表する権限を有するものと認められる名称」は取引通念にしたがって解するほかないが、一般的に対外的な業務執行権限を有すべきものと認められる名称を指す。法文に例示された肩書き以外に、専務、常務、総裁、頭取、理事長などが認められている。

また法文には少なくとも「取締役」であることが要求されているが、取締役でない会社の使用人がそのような名称を使用した場合でも、外観を信頼した第三者を保護する必要性は同じことである。こうした場合にも会社法第354条（商262条）を類推適用するのが判例の立場である（最高裁昭和56年4月28日判決）。

(3) 保護事由

「善意の第三者」とは、名称を使用している取締役に代表権がないことを知らない者のことである。ただし、重過失によって知らない場合は、悪意と同視され保護されないことになる（最高裁昭和52年10月14日判決）。

* 3 − 19　実態に合わない社長という肩書きなどを使用することである。

7　決議にもとづかない行為の効力

　代表取締役が株主総会または取締役会の決議によらず、またはそれに反して行った行為の効力はどうなるか。株主総会の決議事項については、会社にとって重要な事項であるので原則として無効（ただし、善意者保護規定の適用あり）となる。取締役会の決議事項については、取引の安全を考慮する必要のない内部的事項は無効であるが、取引行為等の取引の安全を考慮する必要のある事項は有効と解されている。
　代表取締役が取締役会の決議によらないで行為をなしたような場合はそもそも会社側の問題であり、その会社の内部的な瑕疵でもって相手方の取引の安全を害することは適当でないからである。

8　専務・常務取締役

　業務担当取締役（専務、常務などの名称付の取締役）は対内的な業務執行権を持っている。ただ、これらの取締役はその地位についたことから自動的に対外的な代表権を有するわけではない。代表権を有するか否かは、その取締役が取締役会で代表取締役に選定されたか否かによる。これらの者の具体的な職制上の地位、権限等は法律に規定がなく、会社が独自に定款や職制規定によって定めている。選定は取締役会が行い、退任・解職は代表取締役と同様に考えられる。
　これらの者は、業務執行自体に当たる定款上の機関とされている。

第6節　取締役と会社の関係

1　善管注意義務と忠実義務

　取締役と会社の関係は委任に関する規定に従う（会330条）ので、取締役は会社に対して善良な管理者としての注意義務を負担する（民644条）。これを具体的に示せば、取締役は法令および定款ならびに総会の決議を遵守し、会社のため忠実にその職務を行う義務を負うことになる（会355条）。したがって、忠実義務は善管注意義務を明確にしたもので、これとは別の高度の義務を規定したものではない（最高裁昭和45年6月24日判決）。

　しかし、これだけでは不十分なので特別の定め（会356条1項）がある。これらはいずれも取締役の職務外の行為であり、職務遂行上の注意義務である善管注意義務などの範囲に入らないものだからである。

2　競業避止義務（会356条1項1号）

①　意　義

　取締役は、会社の内部情報や営業の機密に通じ、また取引先と個人的な信頼関係を築いている場合も多い。したがって、取締役が自己または第三者のために会社の事業の部類に属する取引を自由にできることにすると、会社の取引先を奪うなど、会社の利益を害する危険が大きい。しかし、子会社に類似の事業を行わせるなど、競業が必要な場合も当然考えられる。

　そこで、取締役が競業を行うためには、その取引について重要な事実を開示して、株主総会（取締役会設置会社では取締役会）の承認を事前に得ることを要することとし（**記載例37**）、この義務に違反すれば、損害賠償責任を負うほか（会423条）、解任の正当事由にもなりうる（会339条1項）。

さらに、取締役会設置会社ではこうした取引に対する取締役会の監視を強めるため、事後の報告も要求している（会365条2項）。

　ただし、旧法時代にあった介入権の制度（商264条3項、4項）は廃止された。介入権行使の結果は債権的効力、すなわち介入権を行使したとしても、相手方の取引の安全を考慮する必要があるから、会社が直接競業取引の相手方と取引関係に立つわけではなく、会社が取締役に対して競業取引で得た利益を会社に帰属させるよう請求できるにすぎないと解されており、それでは、競業行為に対する損害額の推定規定（会423条2項）と実質的に変わらないからである。

◆記載例31　→　98P 参照

2　競業取引の範囲

(1)　会社の事業の部類に属する取引

　会社の事業の部類に属する取引とは、市場において、会社が実際に行う事業（会社が開業準備に着手しているような事業も含む）と取引先が競合し、会社と取締役との間に利害衝突の可能性がある取引をいう。

(2)　自己または第三者のため

　"自己または第三者のため"とは、自己または第三者の名義で取引する場合ではなく、自己または第三者の計算で行う場合を指す。すなわち、その取引の経済上の効果が自己または第三者に帰属することを意味している。

　本条の趣旨が、会社の利益の犠牲において取締役が利益を得ることを防止することにあることからすれば、法律上の権利義務が誰に帰属するかではなく、その経済上の効果が誰に帰するかが問題だからである。

(3)　競業違反取引の効果

　取締役が、株主総会（取締役会）の承認を得ずに競業取引を行ったときでも、その取引自体は有効である。そうした取引であっても、取引の相手方に不利益を及ぼすことはできないからである。

3 自己取引（利益相反取引）の制限（会356条1項2号、3号）

1 意　義

　取締役が自ら当事者としてまたは他人の代理人もしくは代表者として、会社と取引をする場合には、その取締役が自ら会社を代表するときはもちろん、他の取締役が会社を代表するときも、容易に結託して会社にとって不利益な取引をするおそれがあるため、このような場合には株主総会（取締役会設置会社では取締役会）の承認を事前に得ることを要することとし（会356条1項2号、3号、365条1項）（**記載例36**）、この義務に違反すれば、損害賠償責任を負うほか（会423条）、解任の正当事由にもなりうる（会339条1号）。さらに、取締役会設置会社ではこうした取引に対する取締役会の監視を強めるため、事後の報告も要求して会社の利益保護を図っている（会365条2項）ことは、競業取引と同様である。

◆記載例36　→　98P 参照

2 自己取引（利益相反取引）の範囲

　取締役が自己または第三者のために会社と取引をなす直接取引（会356条1項2号）のみならず、会社と取締役以外の第三者との取引において、実質的に会社取締役間に利害の衝突を生ずる間接取引についても、株主総会（取締役会）の承認が必要である（会356条1項3号、365条1項）。たとえば、会社が取締役の債務を保証するような場合が例示されている。

　また、会社が取締役に対して手形を振り出すような場合も自己取引（利益相反取引）に該当する。したがって、会社取締役間に売買契約（これにも取締役会の承認が必要である）などがあって、その支払いのために手形を振り出すには、別途、取締役会の承認が必要である。なぜなら、手形の振出しは単なる債務の履行などとは異なり、原因債務より厳しい手形債務[3-20][3-21]を新しく会社が負担するものだからである。

*3-20　手形債務は、人的抗弁が切断されたり、6か月以内に2回不渡りを出すと銀行取引停止処分になるという厳しい制裁があり、原因債務より厳しい債務であるといえる。

*3-21　人的抗弁とは、特定の手形当事者に対して支払いを拒むことができる事由のことであり、約束手形の振出人が受取人に対して、たとえば原因となった売買契約を解除して支払いを拒めるとしても、その手形の善意の第三取得者に対しては支払いを拒絶できない（手77条1項1号、手17条本文）。

3 違反した取引の効果

　取締役が、株主総会（取締役会）の承認を得ないでなした自己取引（利益相反取引）は、取締役に対しては無効であるが、取引の安全の考慮から、善意の第三者（たとえば、会社取締役間の売買の目的物を取締役からさらに転得したもの）には無効を対抗できない。このように解していかなければ、取引の安全を害することになるからである。

　また、発生した損害はその取締役および会社を代表した取締役が、当然、賠償する。

第7節 取締役の責任

　取締役が具体的な法令または定款の規定に違反した場合はもちろん、一般的な善管注意義務などを怠ったような場合も会社に対して責任を負うが、取締役の職務の重要性から特別の責任が認められている。

1 旧法時代の責任原因

　新法（会社法）において、旧法（商法）と大きく変ったのが取締役の会社に対する責任である。そこで以下、新法との関わりで旧法時代の責任原因を概観する。

　旧法第266条第1項第5号によれば、同条が規定する法令違反には善管注意義務違反も含まれるから、取締役がその職務を行うにあたって必要とされる注意義務を欠いたような場合もすべて同条に該当し、結局、任務懈怠の場合の責任は同第5号につくされているともいえるが、それ以外にも同第1号ないし第4号は無過失責任とし、同第1号ないし第3号においては責任額を法定していた。

1 違法配当に関する責任（商266条1項1号）

　違法配当は株主総会で決議しても内容が法令違反（商290条）であるから当然無効であり、株主は法律上その返還を要するが、その完全な回復は実際上期待できないので、違法な配当議案を株主総会に提出した代表取締役およびその提出は取締役会で決議されるからそれに賛成した取締役に、その違法配当額を弁償する連帯責任（無過失責任）を負わせていた。

2 株主権の行使に関する利益供与（商266条1項2号）

　取締役が利益供与禁止規定（商294条の2）に違反して、株主の権利行使に関して利益を供与したときは、会社は利益を供与された者に対して返還

を請求できる。しかし、この返還請求によって会社の損害が回復できるかは疑問であり、そこで取締役は供与額について無過失の賠償責任を負うことにしていた。

③ 他の取締役への金銭貸付（商266条1項3号）

これも利益相反取引の一種であり、本来、商法第265条の問題であるが、金銭貸付の特殊性（会社取締役間に行われやすいし、弁済期をすぎても直ちに会社に損害が生じたとはいえない）から、貸し付けた金銭が期限に弁済されないときは、貸付けをした代表取締役および取締役会で貸付けに賛成した取締役（商266条1項、2項）に対しても、当然その未弁済額を弁償する無過失の連帯責任を負わせていた。

④ 会社と取締役間の利益相反取引（商266条1項4号）

取締役が、取締役会の承認を得ないで利益相反取引をした場合は、法令違反行為として商法第266条第1項第5号の責任を負うが、たとえ取締役会の承認を得て取引をした場合でも、対価の不当などによって会社が損害を被ったときは、当該取締役は無過失の賠償責任を負い、承認決議で賛成をした取締役も連帯して責任を負うとされていた。

⑤ 法令・定款違反の行為（商266条1項5号）

法令・定款違反の行為でいう法令とは、具体的法令だけでなく、取締役の善管注意義務などの規定も含むので、この規定は取締役がその任務を怠って会社に損害を加えるすべての場合を含む。そしてその要件としては、任務懈怠について取締役の故意または過失を要するとしていた。なお、この第5号の責任についてのみ一部免除が認められていた。

2 会社法における取締役の責任

① 過失責任の原則

取締役の会社に対する責任につき、委員会設置会社の場合とそれ以外の株式会社の場合とを区別せず、取締役の会社に対する責任は、過失責任を

原則とする（会423条1項）。上記のとおり、旧法では、違法配当、株主への違法な利益供与、取締役への金銭貸付、利益相反取引、法令・定款違反のうち（商266条1項）、委員会等設置会社以外の株式会社では法令・定款違反のみが過失責任で、他は無過失責任とされていたのに、委員会等設置会社では株主への違法な利益供与のみが無過失責任で他は過失責任とされていた（商特21条の17第1項、21条の18第1項、21条の21第1項）。

　機関設計の差異、すなわち委員会等設置会社とそれ以外の会社で取締役の責任について差異を設ける合理性はない。そこで、会社法は、違法配当および株主への違法な利益供与については過失責任として取締役が過失がなかったことを立証したときは賠償義務を負わないものとされた（会462条2項、120条4項）。ただし、利益供与を行った取締役については無過失責任としている（会120条4項カッコ書）。また利益相反取引については自己のために株式会社と直接利益相反取引をした取締役のみ無過失責任を負い、その他は過失責任とされた（会423条1項）。なお、任務懈怠の推定規定がある（会423条3項）。

2　取締役決議に賛成した取締役の責任

　旧法における委員会等設置会社以外の株式会社では、取締役の責任が生じる行為が取締役会の決議にもとづいて行われた場合、当該決議に賛成した取締役は当該行為を自ら行ったとみなされた（会266条2項）。他方、委員会等設置会社についてはこれに相当する規定は存在しなかった。そこで、商法第266条第2項に相当する規定を削除した。

3　剰余金の配当等に関する責任

　旧法における違法配当に関する責任（商266条1項1号）においては、違法な配当議案を株主総会に提出した代表取締役および取締役会でそれに賛成した取締役に、その違法配当額を弁償する連帯責任（無過失責任）を負わせていた。

　会社法では、分配可能額を超えて剰余金の配当等をなした場合には、その行為により金銭等の交付を受けた者ならびにその行為に関する職務を

行った業務執行者（業務執行取締役、執行役、その他当該業務執行取締役の行う業務の執行に職務上関与した者として法務省令で定めるものをいう）および株主総会議案提案取締役（取締役会議案提案取締役）、会社に対し、連帯して、金銭等の交付を受けた者が交付を受けた金銭等の帳簿価額に相当する金銭を支払う義務を負うものとされた（会462条）。そして委員会等設置会社との不均衡を是正して過失責任とされた（同条2項）。そして行為の時における分配可能額を限度として義務を免除することについて総株主の同意がある場合を除き、これらの者の負う義務は、免除することができない（会462条3項）。すなわち責任の一部免除は認められない。

4 株主の権利行使に関する利益供与に係る責任

旧法は、株主の権利行使に関して利益供与を行った取締役は供与した利益の価額の弁済責任を負うとし（商266条1項2号、商特21条の20第1項）、この弁済責任は、無過失責任とされていた。

会社法は、利益供与をした取締役または執行役に加え、当該利益供与に関与した取締役または執行役は、当該株式会社に対して、連帯して、供与した利益の価額に相当する額を支払う義務を負う（会120条4項）が、ただしその者（当該利益の供与をした取締役を除く）がその職務を行うについて注意を怠らなかったことを証明した場合はこの限りではないとして、利益供与に関する取締役または執行役の責任を、利益供与を行った取締役または執行役に限り無過失責任とし、その他の取締役または執行役については過失責任とした。

ただし、無過失の立証責任は、取締役または執行役にある。

そして、これらの者の負う義務は、総株主の同意がある場合を除き、免除することができない（会120条5項）。すなわち責任の一部免除は認められない。

5 利益相反取引に係る責任

旧法では、委員会等設置会社以外の株式会社における利益相反取引に係る取締役の責任（商266条1項4号）は無過失責任とされ、他の取締役に対

して金銭を貸し付けた取締役は一種保証人のような特別の弁済責任を負担する（商266条1項3号）とされていた。しかし、委員会等設置会社における取締役の利益相反取引に係る責任は過失責任とされ（商特21条の21第1項）、他の取締役への金銭貸付の規定は存在しなかった。

　しかし、委員会等設置会社とそれ以外の株式会社を区別する合理的な理由はない。そこで、会社法は委員会設置会社であるか否かにかかわらず、取締役の利益相反取引に係る責任を過失責任とした（会423条1項、3項）。ただし、自己のために株式会社と直接に利益相反取引をした取締役は無過失責任を負う（会428条1項）。そして他の取締役に対する金銭の貸付けに係る弁済責任も利益相反取引の規定に吸収した。

　なお、取締役会の承認の有無にかかわらず、利益相反取引により株式会社に損害が生じた場合には、以下の①～④の取締役は、任務懈怠があったと推定される（会423条3項）。立証責任を転換し、無過失の立証責任を取締役に負わせている。

① 取締役が自己または第三者のために株式会社と利益相反取引を行った当該取締役
② 株式会社が取締役以外の者との間で取締役と株式会社との利益が相反する取引を行う場合の当該取締役
③ 株式会社が利益相反取引をすることを決定した取締役
④ 利益相反取引の取締役会の承認決議に賛成した取締役

　会社法は、利益相反取引にかかる責任を過失責任としたことで、他の任務懈怠責任と同様に、総株主の同意がなければ免除できない（424条）が、責任の一部免除を認めることとした（会425条等）。ただし、自己のために株式会社と直接に利益相反取引をした取締役については、責任の一部免除を認めない（会428条2項）。自己のために会社と直接利益相反取引を行った取締役については責任の免除は相当でないからである。

　また、旧法には、取締役会の承認を受けて行われた利益相反取引にもとづく取締役の会社に対する損害賠償責任を、総株主の議決権の3分の2以

上で免責を認める緩和規定があるが（商266条6項）、会社法は、利益相反取引に関する責任を任務懈怠責任としたことから、この緩和規定を削除した。

6 取締役の競業行為

取締役が、自己または第三者のために会社の事業の部類に属する取引をするには、株主総会（取締役会設置会社では取締役会。会365条1項）において重要な事実を開示してその承認を受けなければならないとされているが（会356条1項1号）、これを得ないで取引を行ってしまった場合、取締役または第三者が得た利益の額は、会社の被った損害の額と推定され、損害賠償責任を負うことになる（会432条2項、1項）。

7 任務懈怠責任

取締役は、任務懈怠により会社に損害を与えた場合には、会社に対して損害賠償責任を負う（会423条）。旧法第266条第1項第5号に当たる責任は任務懈怠責任とされた。取締役は会社に対して善良な管理者としての注意義務を負い（会330条、民644条）、また忠実義務を負う（会355条）。この注意義務等に違反して任務を怠ることが任務懈怠である。

3 免　責

1 総　説

従前、取締役の責任を免除するには、原則として総株主の同意が必要であった（商266条5項）。また、自己取引をするにあたって取締役会の承認を得たにもかかわらず会社に損害を与えた場合、取締役の責任は総株主の議決権の3分の2以上の賛成で免責できるとされていた（商266条6項）。この場合は取締役会の承認を得ていたわけであり、それでも発生した損害に対して責任を負わされるのであるから、その免責要件をいくぶん軽くしたものであろう。

しかし、大会社などでは実質上これらの免責は不可能であった。また、大和銀行事件などで巨額の損害賠償責任が取締役に課せられたこともきっ

かけとなって、旧法時代の改正法（平成14年5月1日施行）により責任の軽減規定が設けられた。

会社法も基本的にその軽減規定を踏襲している。

すなわち会社法では、非取締役会設置会社の取締役の任務懈怠責任につき、取締役会設置会社と同様の一部免除制度を導入した。この結果、取締役会の有無にかかわりなく、取締役の任務懈怠責任については、株主総会の特別決議、定款の定めにもとづく取締役の過半数の同意（取締役会設置会社の場合には取締役会決議）、または定款の定めにもとづく事前の責任限定契約により、一部免除することが可能になった（425条、309条2項8号、426条、427条）。

そこで、取締役、会計参与、監査役、執行役、または会計監査人（以下「役員等」という）の株式会社に対する損害賠償責任は以下となる。

役員等は、任務懈怠による損害賠償責任を負い（会423条1項）、損害賠償責任の免除には、総株主の同意が必要である（会424条）。ただし、役員等が善意かつ無重過失の場合には、株主総会の特別決議（会425条、309条2項8号）、定款の定めにもとづく取締役を2人以上設置する監査役設置会社または委員会設置会社における、当該取締役以外の取締役の過半数の同意（ただし、取締役会設置会社の場合は取締役会決議。会426条）、または、社外取締役、会計参与、社外監査役または会計監査人との間の、定款の定めにもとづく責任限定契約（会427条）にもとづく責任の一部免除が認められている。

2 株主総会決議をもって行う免除

第423条第1項の責任は、役員等が職務を行うにつき善意でかつ重大な過失[*3-22]がないときは、株主総会に責任原因の事実、賠償すべき責任額、免除することができる限度額、その算定の根拠、責任を免除すべき理由等を開示し、賠償の責任を負う額から以下の①プラス②の合計額（最低責任限度額）を控除して得た額を限度として、株主総会の特別決議によって免除することができる（会425条1項、2項）。なお、責任免除の議案を株主

総会に提出するには監査役設置会社においては監査役(複数なら各監査役)、委員会設置会社においては各監査委員の同意が必要である(会425条3項)。

① 当該役員等がその在職中に株式会社から職務執行の対価として受け、または受けるべき財産上の利益の1年間当たりの額に相当する額として法務省令で定める方法により算定される額に、次のイからハまでに掲げる役員等の区分に応じ、当該イからハまでに定める数を乗じて得た額

役員等区分	乗数
イ．代表取締役または代表執行役	6
ロ．代表取締役以外の取締役（社外取締役を除く）または代表執行役以外の執行役	4
ハ．社外取締役、会計参与、監査役または会計監査人	2

これは、要するに在職期間中の最高年俸の4年分（代表取締役は6年分、社外取締役は2年分。以下同様）ということである。

退職慰労金の場合は、上記イ～ハを例にとると、退職慰労金を在職年数で除した額に4を掛けた額と、退職慰労金とのいずれか低い額である。すなわち在職10年で1億円の退職慰労金を貰ったのであれば1年当たりは1,000万円で4を掛ければ4,000万円、それと退職慰労金1億円といずれか低い額であるから4,000万円となる。

② 当該役員等が当該株式会社の新株予約権を引き受けた場合（会238条3項各号に掲げる場合に限る）における当該新株予約権に関する財産上の利益に相当する額として法務省令で定める方法により算定される額

これは、要するにストック・オプションで得た利益の総額ということである。

＊3－22 善意にして重大な過失がないことは次のとおりである。 会社法第423条第1項の責任は、軽過失の場合に限って免責が可能である。しかし、免責決議の際には重過失なのか軽過失なのかの判断は困難である。したがって、免責決議がなされたとして

第**7**節 取締役の責任

も、取締役に重過失がなかったとはいえず、その場合は株主は株主総会決議無効確認の訴え（重過失であれば免責できないのであるから、その場合は決議内容が違法であり、無効確認の訴えの事由となる）を提起し、その訴訟中で裁判所が判断することになる。

3 定款の定めにもとづく取締役会決議をもって行う免除

　会社法第423条第1項の責任は、監査役設置会社（取締役が2人以上ある場合に限る）または委員会設置会社は、定款をもって、役員等が職務を行うにつき善意でかつ重大な過失がない場合において、責任の原因となった事実の内容、職務執行の状況、その他の事情を勘案して特に必要と認めるときは、免除することができる額を限度として、取締役（当該責任を負う取締役を除く）の過半数の同意（取締役会設置会社にあっては、取締役会の決議）をもって、これを免除することができる旨を定めることができる（会426条1項）。監査役等の同意は、定款変更議案を株主総会に提出する場合、定款の定めにもとづく責任の免除についての取締役の同意を得る場合および責任の免除に関する議案を取締役会に提出する場合について必要である（会426条2項）。

　この取締役（会）の免除の決議に対しては、総株主の議決権の100分の3以上を有する株主は異議を申し立てることができる。その場合、免除はできない（会426条5項）。しかし、さらに株主総会の特別決議があれば免責が可能である。

4 社外取締役等の会社に対する損害賠償責任の限定契約

　定款をもって、社外取締役、会計参与、社外監査役または会計監査人との間において、会社法第423条第1項の行為により会社に損害を加えた場合において、その社外取締役等が職務を行うにつき、善意にして重大な過失がないときは、定款に定めた範囲内においてあらかじめ定める額と最低責任限度額とのいずれか高い額を限度として、賠償の責任を負う旨の契約をすることができる旨を定めることができる（会427条1項）。免責契約の議案を株主総会に提出するには、監査役等の同意が必要である（会427条

3項)。

　社外取締役等に、こうした形での免責契約を認め、社外取締役等に人材を得やすくしているものである。

4　責任追及等の訴え（株主代表訴訟）

1　総　説

　会社に対する取締役の責任は、本来からいえば会社自身が追及すべきものであるが、取締役間の特殊関係からその追及がなされず、その結果、会社すなわち株主の利益が害されることにもなりかねない。そこで株主に、会社の権利を代表して行使して、取締役に対して訴えを提起することを認めた（会847条～853条）。

2　提訴権者

　6か月前（定款で引き下げ可能。非公開会社では「6か月前より」の制限はない）より引き続き1株以上を保有する株主が、会社に対して書面により取締役の責任追及の訴えを提起するよう請求し、請求のあった日から60日以内に会社が訴えを起こさないときは、その請求をした株主は自ら取締役に対して訴えを提起できる。また、この60日の経過によって会社に回復不能の損害を与えるおそれがあるときは、直ちに訴えを提起できる（会847条1項、3項、5項）。非公開会社で「6か月前より」の制限がない理由は、こうした会社では株式の取得に会社の承認を要するため、駆け込み的な株付けの心配がないためである。

3　却下事由

　株主は、責任追求等の訴えが、当該株主もしくは第三者の不正な利益を図りまたは株式会社に損害を加えることを目的とする場合には、発起人、設立時取締役、設立時監査役、役員等もしくは精算人の「責任を追求する訴え」、「利益の返還を求める訴え」（会120条3項）、および「不公正な払込金額で株式または新株予約権を引き受けた者等に支払を求める訴え」（会

212条1項、285条1項）（合わせて「責任追及等の訴え」という）を提起するよう、株式会社に請求することができない（会847条1項）。

会社荒しなどによる乱訴防止の趣旨であり、これらの事由に該当すると判断されれば訴えは却下される。

④ 書面通知義務

株式会社が株主から提訴請求を受けた場合において、請求の日から60日以内に株式会社が訴えを提起しないときは、株式会社は、提訴請求をした株主または提訴請求の対象とされた発起人、設立時取締役、設立時監査役、取締役、会計参与、監査役、執行役、会計監査人もしくは清算人からの請求により、遅滞なく、当該請求をした者に対し、訴えを提起しない理由を、書面その他法務省令で定める方法により通知しなければならない（会847条4項）。会社に十分な検討をさせる趣旨と、乱訴防止のための却下事由などの判断の資料とするためである。

⑤ 原告適格

責任追及等の訴えを提起した株主または責任追及等の訴えに共同訴訟人として参加した株主は、会社の株式交換・株式移転または合併により当該会社の株主でなくなる場合であっても、完全子会社となる会社について係属中の責任追及等の訴えの原告が、完全親会社となる会社の株主になるとき（会851条1項1号）および合併により消滅する会社について係属中の責任追及等の訴えの原告が、合併により設立される会社または合併後の存続会社もしくはその完全親会社の株主となるとき（会851条1項2号）には原告適格を喪失しない。

株主代表訴訟の対象となった会社が株式交換・株式移転により完全子会社となる場合には、原告株主は完全子会社となった会社の株主ではなくなるため原告適格を喪失するというのが、旧法時代の判例の立場である。しかしこれに対しては会社の一方的な行為によって原告適格を喪失させるのは適当でないとの批判があった。そこで会社法は株式交換・株式移転があっても、完全親会社の株主となる場合には原告適格を喪失しないとした。

また、合併についても、吸収合併や新設合併により株主代表訴訟の対象となっている会社が消滅した場合にも新設会社または存続会社の株主となった場合には原告適格を喪失しないことを明らかにした。金銭交付のときは同じ問題が残る。

6 参　加

株主または株式会社は、共同訴訟人として、または当事者の一方を補助するため、責任追及等の訴えに係る訴訟に参加することができる（会849条1項）。会社等が訴訟を提起したとしても、必ずしも適切な訴訟追行を行うとは限らないからである。そして参加の機会を保証するために、株主は、責任追及等の訴えを提起したときは、遅滞なく、株式会社に対し、訴訟告知をしなければならず（会849条3項）、会社は、責任追及等の訴えを提起したとき、または前項の訴訟告知を受けたときは、遅滞なく、その旨を公告し、または株主に通知しなければならない（会849条4項）。

7 和　解

平成13年改正法以来訴訟上の和解が明文で認められている（会850条）。しかし本来は会社が取締役に対して有する損害賠償請求権であるから、会社が責任追及等の訴えに係る訴訟における和解の当事者でない場合には、会社の承認がない限り、和解に確定判決と同じ効力は与えられない（会850条1項）が、裁判所は、会社に対し、和解の内容を通知し、かつ、当該和解に異議があるときは2週間以内に異議を述べるべき旨を催告しなければならず（会850条2項）、会社がその期間内に書面により異議を述べなかったときは、その通知の内容で株主が和解をすることを承認したものとみなす（会850条3項）ことにしている。

8 費用等の請求

責任追及等の訴えを提起した株主が勝訴（一部勝訴を含む）した場合において、その訴訟に関して必要な費用を支出したときまたは弁護士もしくは弁護士法人に報酬を支払うべきときは、会社に対し、その費用の額の範囲内またはその報酬額の範囲内で相当と認められる額の支払を請求するこ

とができる（会852条1項）。勝訴により会社の利益に帰したのであるから当然の規定である。逆に、責任追及等の訴えを提起した株主が敗訴した場合であっても、悪意があったときを除き、株主は会社に対し、これによって生じた損害を賠償する義務を負わない（会852条2項）。単なる過失での敗訴で責任を負わされては、提訴をためらうことにもなりかねないからである。

5　取締役の違法行為の差止め

　取締役が法令定款違反行為をした場合には、任務懈怠として会社に対して損害賠償責任を負うが（会423条1項）、このような事後の救済よりも事前にそのような行為を防止できることが望ましい。会社としては取締役のこのような行為を差し止める権利を、当然、有するはずであるが、会社がそれを怠る場合に備え、6か月前（定款で引き下げ可能。非公開会社では「6か月前から引き続き」の制限はない）から引き続き株式を有する株主に、取締役が会社の目的の範囲外の行為、法令定款違反行為をし、またはこれらの行為をするおそれがある場合において、その結果、会社に著しい損害（監査役設置会社または委員会設置会社においては回復することができない損害）を生ずるおそれがある場合には、当該取締役にその行為をやめることを請求することができる（会360条1項、2項、3項）。

　目的の範囲は対外的には客観的に判断して決するが、これは取引の安全のためであり、取引の安全の要請が働かない事前の段階では、主観的に目的の範囲外のもの（客観的には会社の目的の範囲内に入っているが、取締役が自分のために行為しているような場合）も対象となる。

　株主は取締役に対して、直ちに裁判上または裁判外で差止請求ができるが、裁判外では目的を達し得ない場合、その取締役を被告として差止めの訴えを提起し、これに先立って当該訴えを本案とする仮処分を申請する。

第8節 取締役と第三者の関係

1 総説

　取締役がその任務に違反した場合は、本来からいえば会社に対する関係で責任を負わされるにすぎない。取締役は会社の受任者であり、第三者に対しては、直接、なんらの契約関係にもないからである。しかしその結果、株主や会社債権者が損害を被ることを考慮し、取締役がその職務を行うについて悪意または重過失があった場合には、第三者に対する直接の権利侵害や故意過失の有無を問うことなく、取締役に第三者に対しその損害を賠償する責任を負わせた（会429条1項）。取締役は、本来、第三者に対しては不法行為の要件を備えない限り責任を負わないはずであるが、取締役の権限が強大であり、場合によっては完全に会社を左右していることに鑑み、第三者保護のために特則をおいたものである*3-23。

　さらに特定の書類の虚偽記載および虚偽の登記・公告については、取締役が無過失を証明しない限り責任を負わされる（会429条2項）。

* 3-23　この対第三者の責任の性質は、民法第709条の不法行為の特則であるとする考え方があるが、賛成できない。本条の悪意・重過失は職務遂行に関して要求されており、権利侵害的結果に対して故意または過失を要求している不法行為とは明らかに異なっているからである。

2 第三者の損害

　第三者の損害には、取締役があまりに過大な設備投資をして会社が倒産し、その結果、取引相手などの第三者が損害を被ったような間接損害と、取締役が会社が窮状にあるのに第三者を騙して取引に入らせ、その結果第

三者に損害が発生したような直接損害がある。いずれにしても取締役の任務懈怠と第三者の損害の間に相当因果関係があることが必要である。

3 責任の主体

　任務懈怠の行為をした取締役が責任を負うのは当然として、その他の取締役も監視義務を負わされているから、他の取締役の任務懈怠を故意または重過失により看過したときは責任を負わされることになる。これらの取締役は連帯して責任を負う（会430条）。この監視義務は名前だけを貸している名目取締役も負わされている。

第9節 取締役の報酬、賞与、退職慰労金

1 総説

　取締役は報酬を受けるが、その額の決定を取締役会に委ねるとお手盛りの危険があるので、定款の定めによるかまたは株主総会の決議によることが要求される（会361条）。本来、報酬決定は業務執行に関する事項であり、理論的には取締役会が決定権を有するはずであるが、自分たちが自分たちの報酬を決めたのでは、会社の利益のために行為すべしとする受任者性に反するおそれがあるので、政策的にこの規定を設けたものである。

2 報酬の範囲

　報酬、賞与その他の職務執行の対価（報酬等）として受ける利益をいう。対価としての利益であるかぎり、給与、手当てなどの名称のいかんを問わない。報酬等のうち額が確定しているものについては、その額を、報酬等のうち額が確定していないものについては、その具体的な算定方法を、報酬等のうち金銭でないものについては、その具体的な内容を定めねばならない（会361条1項）。加えて、額が確定していないものまたは金銭でないものを定め、またはこれを改定する議案を株主総会に提出した取締役は、株主総会において、それらを相当とする理由を説明しなければならない（会361条2項）。

3 賞　与

　利益処分として支給される賞与は本来、会社法第361条の報酬には含まれないはずである。なぜなら、賞与は利益を上げた功労に報いる利益処分の一形態であり、会社に利益が生じた場合に限られる。この意味で職務執行の対価とはいえないし、毎決算期の定時総会の決議を経て支給されるので、会社ひいては株主の利益を害するおそれもないからである。このように職執行の対価とは異質のものであるが会社法は立法で同一の取扱いとした。

4　使用人兼務取締役の使用人としての給与

　使用人兼務取締役が、使用人としても給与を受ける場合、その給与は会社法第361条の報酬に含まれない（通説。最高裁昭和60年3月26日判決）。なぜなら、給与は労働契約にもとづく労働の対価であり、業務執行の意思決定または業務執行の対価ではないからである。さらに給与体系が明確に確立されていれば、会社法第361条の趣旨にも反しないからである。

5　退職慰労金

　退職慰労金は在職中の職務執行の対価、すなわち報酬の後払いとしての性格と、功労加算金としての性格とが不可分に結びついた特殊な性格の給付金と解され、商法第269条（会361条）の「報酬」に含まれる（通説。最高裁昭和44年10月28日判決）。

　したがって、定款に定めのある場合はそれにより、ない場合は株主総会の決議によって、監査役の報酬とは別にその額を定める（会387条）。

6　報酬の決議方法

1　通常の報酬

　報酬決定を株主総会で行うにしても、ある程度、取締役会などに報酬決定を委任することは可能であろうか。もちろん無条件で取締役会などに一任することが会社法第361条に反することは疑いがない。しかし、株主総会では、個々の取締役への具体的支給額まで決定する必要はなく、取締役全体としての総額または最高限度額を定めれば足り、取締役間の具体的配分は取締役会に委ねてよい。

　なぜなら、総額や最高限度額が決定されていれば会社の利益保護という会社法第361条の趣旨に反しないし、逆に同条は取締役間の公平を実現するための規定ではないからである。

2　退職慰労金

　わが国では、退職慰労金については株主総会で支給することだけ決めて、一般の報酬のように最高限度額を定めることもなく、具体的金額・支払期日・支払方法などを取締役会に一任するのが通例である。最高限度額を決めてしまうと、実際上、個々の取締役に支給する金額も明らかになってしまい、公開の場で取締役個人の功績の論議を引き起こすことにもなるからである。

　この問題につき判例は実務の決議方法を肯定している。

　「同条（商法第269条）が、報酬は定款にその額を定めないときは株主総会の決議をもってこれを定めるべきことを要求した同条の立法趣旨に照らすと、株主総会の決議により、右報酬の金額の決定をすべて無条件に取締役会に一任することは許されないというべきであるが、これと異なり、株主総会の決議において、明示的または黙示的に、その支給に関する基準を示し、具体的な金額、支払期日、支払方法などは右基準によって定めるべきものとして、その決定を取締役会に任せることは差し支え

なく、かような決議をもって無効と解すべきではない。」(最高裁昭和44年10月28日判決)。

「明示的または黙示的に、その支給に関する基準を示し」とは、書面等による議決権行使がなされる会社では、株主総会参考書類に当該基準内容を記載するか、または、各株主が当該基準を知ることができるようにするための適切な措置(基準を記載した書面等を本店に備え置いて株主の閲覧に供する等)を講じなければならない(規82条2項)ということをいう。それ以外の会社でも、株主が本店で請求すれば基準の説明を受けられる措置を講じていないと一任決議が無効となる可能性がある(最高裁昭和58年2月22日判決)。

第4章

監査役

第1節 監査役の意義

　「監査」とは、一定程度独立した第三者が、行為者の行為の適法性、妥当性について、法令や定款等に則して判断することをいう。株式会社における「行為者」とは、取締役、代表取締役そのほか業務担当取締役が考えられるが、それらの者の行為の違法、逸脱をチェックする機能を果たすものが「監査システム」である。

　会社法は代表取締役らに強い権限を与える一方で、株主総会、個々の株主、取締役会および個々の取締役に種々のチェック権限を認めているが、それだけでは不十分なので、別に監査役の制度を置いている。すなわち、監査役とは、監査役設置会社では取締役の職務執行の監査をなす権限を有する株式会社の常置機関である。

　そして監査役は取締役の職務の執行を監査する機関であるから、その職務権限は会計監査を含む業務全般の監査に及ぶ。旧法においては、小会社とは、資本金額が1億円以下でかつ負債総額が200億円未満の株式会社であり、監査役の権限は会計監査のみで、業務監査には及ばないとされていた。そして中会社とは、資本金額が1億円超5億円未満でかつ負債総額が200億円未満の株式会社であり、旧法の規定がそのまま適用された。そして監査役の権限は会計監査および業務監査（商274条）の双方に及び、監査役は取締役の職務執行全般について監査する権限を有するとされていた。

　しかし会社法は、中小企業のガバナンス強化の観点から、資本金や負債の額にかかわらず、監査役の監査権限は会計監査を含む業務全般の監査に及ぶとして中小会社における監査の制度に区別を設けることなく（会381条）、非大会社で非公開会社においては、定款で監査役の権限を会計監査権限に限定できるものとした（会389条）。

第2節　監査役の資格

　監査役に「こうあらねばならない」とする積極的資格については法は特に要件を定めていない。逆に「こうあってはならない」とする消極的資格として欠格事由（会335条1項、331条1項）、兼任制限（会335条）、株主限定の禁止（会335条1項、331条2項）がある。

1　監査役の欠格事由とは

　旧法では、成年被後見人、被保佐人、破産者（復権していないもの）、会社犯罪者、それ以外の犯罪者については監査役の欠格事由とし、これらの者を監査役に選任しても選任決議は無効であるとしていた（商280条1項、254条の2）。
　会社法にも監査役の欠格事由が定められているが（会335条1項、331条1項）、旧法の欠格事由に若干の変容が加えられている。
① 　法人（会331条1項1号）
② 　成年被後見人もしくは被保佐人等（会331条1項2号）
　　会社法では、法人や、外国の法令上成年被後見人または被保佐人と同様に取り扱われている者が、取締役になることができないことが明文化されている（会331条1項1号、2号）。
　　旧法で欠格事由とされていた破産者については、監査役などの役員が会社の債務を個人保証し、会社の経営破綻と同時に個人としても破産することが少なくない。そこで破産した者すべてについて監査役になることができないとすることは、債務者に経済的再生の機会をできるだけ早期に与えるという観点からは酷である。そこで、会社法は、旧法が監査役の欠格事由としている「破産手続開始の決定を受け復権

していない者」を監査役の欠格事由から外している。

③　会社犯罪者

　　金融商品取引法は公開会社に関する法秩序と同視されるものであり、また各種倒産法制は株式会社の清算手続と同視されるものである。そこで、これらの法律に定める罪を一般の犯罪よりも厳しく扱うこととし、金融商品取引法や各種倒産法制に定める罪を犯した者を欠格事由としている（会331条1項3号）。

　　すなわち、会社法等所定の罪により刑に処せられ、その執行を終わり、または執行を受けることがなくなった日から2年を経過していない者は、いわゆる会社犯罪者であり、欠格である。これは極めて厳しい欠格事由といえる。要は、会社犯罪者は罰金刑だろうと執行を猶予されようと、欠格者にあたることになるからである。

④　通常犯罪者（会331条1項4号）

　　③の罪以外の罪によって禁錮以上の刑に処せられ、その執行を終わるまでまたはその執行を受けることがなくなるまでの者（刑の執行猶予中の者を除く）である。

　以上の者を株主総会で監査役に選任しても、その総会の選任決議は無効である。

2　兼任制限

1　監査役は子会社の役員または支店長などを兼任できるか

　監査役は、株式会社もしくはその子会社の取締役もしくは支配人その他の使用人または当該子会社の会計参与（会計参与が法人であるときは、その職務を行うべき社員）もしくは執行役を兼ねることができない（会335条）。兼任制限の規定である。

　ここで「支配人」とは使用人中最重要の者であり、営業主に代わってその営業に関する一切の裁判上または裁判外の行為をなす権限を有する商業

使用人である。一般的には支店長や支社長を指す。また「使用人」とは、取締役に継続的に従属する者を指す。一般的には雇用契約により取締役に従属する会社員（従業員）などを指すが、雇用契約ではなく委任契約などによっていても実質的に見て取締役に継続的に従属している者は含まれる。

　以上より、監査役は子会社の役員または支店長のいずれも兼任できない。
　兼任状態が生じた場合は従前の地位を辞任せねばならず、辞任しなければ監査役の任務懈怠責任となる。自己監査となったり（監査役の受任者性に反する）、監査される側の影響を受ける監査となったりして（監査役の独立性に反する）、公正な監査が期待できないからである。上記の場合が禁じられるだけであるから、親会社の取締役が子会社の監査役を兼務することはできる（反対説はある。後述）。また、もちろん親会社の取締役が子会社の取締役を兼務することもできる。

2　監査役は子会社の監査役になれるか

　兼任禁止は以上の範囲であるから、親会社の監査役が子会社の監査役を兼ねることは原則として禁止されない。ただし、親会社と子会社のいずれにおいても常勤監査役の場合は問題である。常勤の解釈にもよるが、常勤を本社機能を有する場所でのフルタイムと解すれば（そう解すべきであると考える）、親会社と子会社の場所が異なっているような場合には、常勤監査役の専従義務に反し、兼任が許されない場合も出てこよう。

3　監査役は相談役、顧問等を兼任できるか

　原則として禁止されないと考える。相談役、顧問、嘱託などは会社と一般に雇用関係ではなく、委任関係に立ち、取締役に継続的に従属するもの（使用人）ではないからである。
　しかし、会社法第335条の立法趣旨から考えて、監査役が、会社または子会社の会長、顧問、相談役などの、会社経営に指導的な影響を与える継続的な地位に立つ場合には兼任は許されないとする考え方もある[4-1]。

*4-1　兼任禁止規定の適用の有無は、名称のみから形式的に判断すべきではない。顧問などの名称を使用していても、実質的に取締役に継続的に従属する地位にある場合は兼任禁止規定に抵触する。たとえば、取締役や従業員を退職したものが顧問などに就任し、その実体は従来と変わらないような場合には兼任が禁止される。

4　顧問弁護士が監査役を兼任できるか

　顧問弁護士*4-2は、法律の専門家としての経験と知識にもとづき職務を公正かつ誠実に遂行する立場にあり、自己の判断と責任において事務処理を行うもので、その意味では取締役に継続的に従属するものとはいえない。したがって、会社の使用人にはあたらないので会社法第335条には違反せず、兼任を認められると解される。

*4-2　最高裁平成元年9月19日判決は、顧問弁護士が仮に兼任禁止の地位であるとしても、就任承諾時に顧問を辞任したものと解すべきであり、事実上辞任しなくても、任務懈怠の責任が問われるのは格別、就任承諾前の決議の効力には影響しないとするが（選任決議自体は有効であり、両立しえない現在の地位を辞することを条件としている）、顧問弁護士であること自体が兼任禁止に触れるかについては判断していない。

5　監査役は親会社の取締役になれるか

　子会社の取締役は事実上親会社の取締役の指示どおりに活動することから、親会社の取締役が子会社の監査役を兼ねては、実質上、自己監査になるのではないかとのおそれがある。しかし会社法第335条は、監査役は「株式会社（自社）若しくはその子会社の取締役」を兼任できないとしており、親会社の取締役との兼任は禁止していない。したがって、妥当ではないが違法とまではいえないであろう。

6　株主限定

　会社法は、公開会社については旧法と同様に定款の定めをもってしても監査役の資格を株主に限ることはできないとしつつ、取締役と同様、非公開会社について、定款の定めをもって、監査役の資格を株主に限ることを

認めた（会335条1項、331条2項）。株主限定禁止の趣旨、すなわち役員の人材を広く世に問うべきであるとすることを、非公開会社にまで強制するのは適切でないからである。その他、取締役の株主限定の禁止の箇所を参照のこと。

第3節 監査役の選任をめぐる法律知識

1 監査役は、どのような方法で選任されるか

　監査役は株主総会で選任され（会329条1項）、監査役を選任する株主総会の決議は通常決議で行われるが、議決権を行使することができる株主の議決権の過半数（3分の1以上の割合を定款で定めた場合にあっては、その割合以上。すなわち定足数は議決権の3分の1未満に下げられない）を有する株主が出席し、出席した当該株主の議決権の過半数（これを上回る割合を定款で定めた場合にあっては、その割合以上）をもって行わなければならない（会341条）。

　監査役は、人選等につき疑問があれば株主総会で意見を述べることができる（会345条4項、1項）。これを意見陳述権という。監査役は株主総会で選任されるが、実際には総会前に取締役会で選任議案が作成され、監査役は取締役会で意見を述べることができるものの、取締役会はこの意見に拘束されるわけではないので、監査役の意見が取締役会に反映される保証はない。そこで会社法は、株主総会で意見を述べる機会を与えて、総会決議に監査役の意見を反映させようとしている。

　しかし上述のとおり、監査役は監査役の選任について株主総会における意見陳述権を有するが、その意見には拘束力がなかった。

　そこで取締役は、監査役の選任に関する議案を株主総会に提出するには、監査役（監査役が2人以上ある場合にあっては、その過半数。または監査役会）の同意を得なければならない（会343条1項、3項）。また監査役（監査役会）は、取締役に対し、監査役の選任を株主総会の目的とすることまたは監査役の選任に関する議案を株主総会に提出することを請求することができる

（会343条2項）とした。すなわち、監査役の選任に関する監査役の同意権および提案権である。

　旧法では会計監査人の選任に関する商法特例法第3条第2項（監査役会の同意）および第3項（監査役会の議題提案権等）の規定[*4-3]は、同法上の大会社の監査役を選任する場合について準用するものとされ（商特18条3項）、監査役会が置かれる商法特例法上の大会社とみなし大会社に監査役会の同意権および提案権を認めていた。会社法では監査役会の置かれていない会社でも監査役の独立性確保の観点から監査役の同意権および提案権を認め、監査役の人事について監査役の同意等を要求することにより、取締役が監査役の人事を恣意的に行うことを防止し、監査役に適する人材の確保を可能とすることを通じて、監査役の独立性を強化しようとしている。

　　＊4-3　商特3条2項および3項の規定は次のとおりである。まず、取締役は、会計監査人の選任に関する議案を株主総会に提出するには、監査役会の同意を得なければならない（商特3条2項）。
　　　　　監査役会は、その決議をもって、取締役に対し、会計監査人の選任を株主総会の会議の目的とすることを請求することができる。会計監査人の選任に関する議案の提出についても同様とする（商特3条3項）。

2　監査役は何名必要か

　監査役設置会社（監査役が会計監査権限のみを有する場合は除く）においては員数の制限はなく、1人でも数人でもよい。しかし監査役会設置会社においては、監査役は、3人以上で、そのうち半数以上は、社外監査役でなければならない（会335条3項）。以上より監査役の員数は、企業規模とは直接関係がなくなった。

3　常勤監査役、社外監査役、補欠監査役

　監査役会設置会社では監査役は3人以上必要であり（会335条3項）、監

査役会は常勤監査役の選定・解職を行い（会390条2項2号）、かつその半数以上は社外監査役でなければならない（会335条3項）。また、人数が欠けた場合に備えて補欠監査役を設けることができる（会329条2項）。

「常勤監査役」とは、営業時間中は常に監査を行える態勢にあって、その間監査業務に専念する義務を負うものをいう。その常勤の意味であるが、常勤監査役制度を設けた趣旨からすると、常時監査業務に従事し、全体を把握する監査役が必要であると考えたからである。であれば常勤監査役は、その名称のいかんにかかわらず、実質上、本社として機能している場所で通常の勤務時間、必要とあればそれを超えて勤務すべきである。

常勤監査役が欠ければ、監査役中の非常勤監査役を常勤監査役に就任させるか、それができないときは、株主総会で常勤し得る監査役を選任し、次にその者を監査役会により常勤監査役に選定せねばならない[4-4]。株主総会での選任が不適当なときは、裁判所に仮常勤監査役の選任請求ができる。補欠常勤監査役も可能である。

「社外監査役」とは、過去に当該株式会社またはその子会社の取締役、会計参与（会計参与が法人であるときは、その職務を行うべき社員）もしくは執行役または支配人その他の使用人となったことがないものをいう（会2条16号）。取締役からの影響が少ない客観的な視点からの監査への期待がその理由である。

以上より親会社の取締役は子会社の社外監査役になれる。また会社の嘱託、顧問、相談役等は、その名称はともかく、その者が実質的に見て会社の支配下や、取締役に継続的な従属関係にあるような場合は社外監査役になれない。したがって、会社の顧問弁護士は、社内弁護士のように取締役に対する継続的従属性を有する場合でなければ、社外監査役になれるものと解される。

また、社外監査役が常勤監査役を兼ねることは、双方の要件を満たしさえすれば差し支えない。

社外監査役に欠員が出れば遅滞なく選任補充せねばならない[4-5]。他の

監査役が社外監査役に就任できれば問題ないが、そうでなければ後任者が選任されるまで現社外監査役が職務を継続するか、株主総会で社外監査役を選任するか、または裁判所に対して仮社外監査役の選任請求をすることになる。補欠社外監査役も可能である。

*4－4　常勤監査役が欠けた場合の監査の効力はどうなるのか。監査役会の構成員たるべき常勤監査役が欠けているのであるから、その監査役会は適法に構成されたものとはいえず、その場合の監査報告書には瑕疵があることになり、計算書類について定時総会の承認決議省略の効果を与えることはできないとする見解もある。しかし、他の監査役が監査を行っているのであれば、単に形式的に職務専念義務を負う監査役が定まっていないだけのことであり、また、常勤監査役が職務専念義務を果たしていないときでも、そのことのゆえに監査報告書が違法などになるものではない。したがって、常勤監査役が欠けた場合にも計算書類について定時総会の承認決議省略の効果はあるものと考える。

*4－5　社外監査役が欠けた場合の監査の効力はどうなるのか。監査役会の構成員足るべき社外監査役が欠けているのであるから、その監査役会は適法に構成されたものとはいえない。とすると、社外監査役を欠いている場合の監査報告書には瑕疵があることになる。したがって、計算書類について定時総会の承認決議省略の効果を与えることはできないのではないか。この点、常勤監査役が欠けた場合や、兼任禁止規定違反の監査役の監査報告書の効果は認めるのであるから、社外監査役が欠けた場合も同じではないかとの有力な反対説がある。

4　監査役の任期、非公開会社の監査役の任期

　旧法では、株式会社の監査役の任期*4－6は就任後4年内の最終の決算期に関する定時総会終結の時までであり（商273条1項）、任期の伸長は認められていなかった。他方、有限会社の監査役については任期の定めがなかった。

　そこで会社法は、監査役の任期を原則4年としながら、非公開会社については、定款で最長10年まで伸長できることとしている。すなわち、監査役の任期は、選任後4年以内に終了する事業年度のうち最終のものに関する定時株主総会の終結の時までとし（会336条1項）、非公開会社については、定款で、その任期を選任後10年以内に終了する事業年度のうち最終の

ものに関する定時株主総会の終結の時まで伸長することができる（会336条2項）ものとしている。

株主構成がほとんど変化しない非公開会社で、4年ごとに監査役への信任を総会に問い直す必要は乏しいからである。

*4－6　監査役の任期は定款の法定記載事項ではない。しかし、多くの会社が定款に任期に関する規定を置いている。こうした会社では定款変更手続が必要となる。

5　設立時の監査役の任期、補欠監査役の任期

旧法にあった、最初の監査役の任期は就任後1年内の最終の決算期に関する定時総会の終結のときまで（商273条2項）とする規定は削除され、会社法では設立時に選任される監査役の任期についても上記と同様である。ただし、定款によって、任期の満了前に退任した監査役の補欠として選任された監査役の任期を退任した監査役の任期の満了する時までとすることを妨げない（会336条3項）。

6　定款変更と監査役の任期

上記にかかわらず、監査役を置く旨の定款の定めを廃止する定款変更、委員会を置く旨の定款変更、監査役の監査の範囲を会計に関するものに限定する旨の定款の定めを廃止する定款変更、非公開会社が公開会社となる定款変更をした場合には、監査役の任期は、当該定款変更の効力が生じた時に満了する（会336条4項）ものとした。監査役の任期の満了を確実なものとするもので、自由な機関設計を可能としたこととの調整規定である。

7　選任決議の取消、無効とは、どんな場合か

　監査役を選任した株主総会の決議が取り消され（会831条）または無効・不存在とされた（会830条）場合がこれにあたる。取り消しは訴えによってのみ主張できるが(判決で取り消されてはじめて監査役でなくなる)、無効・不存在は訴えによらなくとも主張しうる。詳細は、**第2章第5節**を参照されたい。

　また、それらの訴えを本案とする職務執行停止または代行者選任の仮処分の制度がある。これは訴えを起こしても対象となっている監査役の職務が自動的に停止されるものではないので、訴えが確定するまで当該監査役の職務執行を停止し、仮に代わりの監査役を選任してもらう手続きである。

第4節 監査役の退任をめぐる法律知識

1 監査役は、いつでも辞任できるか

　監査役と会社との関係は委任の規定（会330条、民644）に従うから監査役はいつでも辞任することができる（民651条）。株主総会の承認がなければ辞任しない等の特約がある場合でも、およそ監査役の辞任はいつでもなし得るとするのが商法学上の一般的見解である。

　そして監査役を辞任した者は、その後最初に招集される株主総会に出席し、その旨および理由を述べることができる（会345条4項、2項）。この意見陳述権を実効性有らしめるために会社は、監査役を辞任した者に対し、その後最初に招集される株主総会が招集される旨、総会の日時および場所を通知しなければならない（会345条4項、3項）。また他の監査役も、株主総会において、辞任した監査役の辞任について意見を述べることができる（会345条4項、1項）。

　その趣旨は、監査役が取締役役等から意に添わない辞任を強制されることを防止し、よりいっそう取締役からの独立性を確保するためである。

2 どのような辞任のとき損害賠償の責任が生じるのか

　会社のために不利な時期に辞任したとき、民法第651条第2項により損害賠償責任を負わされる。ただし、職務遂行に耐えない疾病など、辞任にやむを得ない事情があったときは賠償責任を負わされない。会社のために不利な時期とは、一般的には会社が他に監査役を求めることができない時期に辞任を告知することをいう。

3　退任監査役の権利・義務とは、どういうことか

　法律または定款に定めた監査役の員数が欠けた場合には、任期の満了または辞任（これらの場合に限られる。死亡、解任欠格事由の発生などは含まれない）によって退任した監査役は、新監査役が就任するまで監査役としての権利義務を有する（会346条1項）。

　なお必要ある場合（任期満了または辞任の場合であっても、長期不在、長期療養の必要、辞任者が継続を欲しないなどの場合である）は株主総会で監査役を選任するか、または利害関係人の請求により裁判所は仮監査役の選任をすることができる。なお補欠監査役を前もって選任しておくことも可能である。

4　辞任した監査役は、会社に対して自己の監査役辞任の変更登記を請求できるか

　もともと登記請求権は公法上[*4-7]の請求権であり、これを辞任した監査役が私益のために登記請求権を行使しうるかという問題である。

　判例には肯定したものと否定したものとがあるが、通説は肯定する。商業登記制度の目的から登記は事実と一致する必要があり、この趣旨から会社は変更登記をなすべき公法上の義務とともに、不実登記[*4-8]の対象者（辞任した監査役）に対して、私法上[*4-7]も変更登記をなす義務を負うと考えられる。

　辞任の登記がなされないと、誤認にもとづいて責任追及の訴えを提起されたり、兼任禁止に抵触したり、さらに在任登記により事実上監査役であるとの推定を受け、責任追及がなされたりする不利益があるからである。

　　＊4－7　公法上とは、国や地方公共団体の組織の権限等に関する法律のことである。私法上とは、民間の権利関係等について規定した法律のことである。

　　＊4－8　不実登記とは、登記の内容が実態に合致していない登記のことである。

5　監査役は、いつでも解任できるか

　監査役は、いつでも株主総会の特別決議をもって解任できる会（339条1項）。

　監査役を解任する株主総会の決議は、当該株主総会において議決権を行使することができる株主の議決権の過半数（3分の1以上の割合を定款で定めた場合にあっては、その割合以上）を有する株主が出席し、出席した当該株主の議決権の3分の2（これを上回る割合を定款で定めた場合にあっては、その割合）以上に当たる多数をもって行わなければならない。ただし、監査役の解任が株主総会に議題として上程された場合、現任の監査役は株主総会において監査役の解任について意見を述べることができ、その意見の内容は、違法性以外の適格性にかかわる事柄でもよい（会345条4項、1項）。また、少数株主による解任請求も可能である（会854条）。

　意見陳述権を行使するかどうかは原則任意であるが、明らかな不適格事由があると認識しながら意見を陳述しない場合は、監査役の任務懈怠となる可能性がある。受任者の善管注意義務違反が問われることになる。

　監査役の解任が議題となっている株主総会で、監査役が意見の陳述を求めたのに議長が指名しなかった場合は、決議取消の訴えの事由となる。

6　どのような解任のとき損害賠償を請求できるか

　監査役が「正当な理由」なくしてその任期の満了前に解任されたとき、監査役は会社に対して解任によって生じた損害賠償を請求できる（会339条2項）。

「正当な理由」とは、監査役に職務執行上の法令定款違反があったとき、心身の故障のため職務執行に支障があるとき、職務への著しい不適任（能力の著しい欠如）があるときなどが該当する。

なお、「正当な理由」に関して、税理士として税務処理上の誤りを犯した場合に監査役（監査役としての職務には誤りはなかった）として著しく不適任であるとして解任の正当理由を肯定した判決がある（東京高裁昭和58年4月28日判決）。

また損害賠償の範囲は、当該監査役が解任されなければ残任期間中と任期満了時に得られたであろう利益（所得）の喪失による損害である。そして残任期間中に対する監査役報酬が通常これに当たり、支払いを受けられた可能性の高いときは賞与・退職慰労金も認められる。訴訟となった場合の弁護士費用は会社側の不当応訴などの特段の事情がない限り認められず、職を退かされたことに対する精神的損害、すなわち慰謝料も認められない。

7　横滑り監査役

横滑り監査役とは、取締役であった者が、取締役を退任してそのまま監査役に選任された者のことをいう。当期に新規に監査役に選任された者は、通常営業年度の始期と、就任時点とが3か月ほどずれるため、監査役が、未就任期間中の取締役であった自己の業務執行を監査することになり（自己監査）、受任者としての監査の公正を欠くのではないか、監査役として適格性を欠くのではないかということが問題となった。

判例（最高裁昭和62年4月21日判決）は横滑り監査役を適法とする。理由は、商法第276条（会335条2項）は兼任を禁止しているが、取締役だった者が、監査役に就任することを禁じていないこと、商法第273条（会336条）の監査役の任期と監査対象期間までもが一致することを要求していないこと、取締役だった者を監査役に選任するかどうかは株主総会の判断に委ねられるべきであることなどである。学説もこれを支持する。

第5節　監査役の権限をめぐる法律知識

1　監査役設置会社と監査役の職務権限とは

　監査役は取締役の職務の執行を監査する機関であるから、その職務権限（権限といっても、受任者の職務権限であるから職務を遂行するに当たって必要な権限ということであり、結局その行使は義務に等しい）は会計監査を含む業務全般の監査に及ぶ。しかし、監査はその性格上消極的・防止的なものに過ぎず、しかも違法または著しく不当な点を指摘できるだけであって、取締役の裁量的決定に介入すべきものではない。
　また数人の監査役がいる場合にも、一体としてではなく各自が独立して権限を行使する。
　「会計監査」とは、会計帳簿に記載漏れや不実の記載はないか、貸借対照表、損益計算書等が正しく作成されているかなどを調査することを指す。
　「業務監査」とは、会計以外の取締役の業務の監査のことで、取締役会の招集・決議に違法な点がないか、取締役の職務執行に関して法令・定款・株主総会決議・取締役会決議違反がないか、取締役の対外的・対内的職務執行に著しく不当な点はないかなどを調査することを指す。

2　違法性監査と妥当性監査

　監査役には、取締役の職務執行の適法性（違法性）のみを監査すべきであるのか、それともすすんで妥当性（不当性）に関しても監査すべきであるのかの問題がある。
　そもそも直接職務執行に関与しない監査役がその妥当性の判断をなしえ

るかは疑問であるし、また当不当による責任を負担しない監査役にその判断を要求するのも問題であろう。さらに、そのような取締役の職務執行の妥当性の判断は取締役会の権限とされており（会362条2項2号）、監査役に妥当性監査を認めると権限の分配を無視することにもなりかねない。したがって、監査役の監査権限は違法性監査に限られ、妥当性監査には及ばないものと解される。ただ、取締役の著しく不当な職務執行は、取締役の善管注意義務（民644条）違反に当たり、結局違法となるので、監査役の監査の対象となる。

3　非公開会社の監査役の職務権限

　非公開会社（監査役会設置会社および会計監査人設置会社を除く。したがって非大会社である）で、取締役または取締役会と監査役のみを置く会社においては、定款により、監査役の権限を会計監査権限に限定することができる（会389条1項）。会計監査権限のみに限定された監査役を置く株式会社については、監査役設置会社に該当しない（会2条9号）ため、株主の監督権限が強化されている。
　すなわち、非監査役設置会社の株主権限の強化を以下にまとめる。
① 　株主は、その権利を行使するため必要があるときは、株式会社の営業時間内はいつでも、取締役会議事録等の閲覧の請求ができ、請求に裁判所の許可を要しない（会371条2項3項）。
② 　取締役会設置会社（監査役設置会社および委員会設置会社を除く）の株主は、取締役が取締役会設置会社の目的の範囲外の行為その他法令もしくは定款に違反する行為を行いまたは行うおそれがあると認めるときは、取締役会の招集を請求することができる（会367条1項、2項）。
③ 　②の請求があった日から5日以内に、請求があった日から2週間以内の日を取締役会の日とする招集通知が発せられない場合には、自ら取締役会を招集することができ（会367条3項、366条3項）、株主は、

招集された取締役会に出席して意見を述べることができる（会367条4項）。
④　定款の定めにより、取締役の過半数の同意または取締役会決議による取締役の責任の一部を免除する規定の適用がない（会426条1項）。
⑤　取締役は、株式会社に著しい損害を及ぼすおそれのある事実があることを発見した場合には、直ちに当該事実を株主に報告しなければならない（会357条1項）。
⑥　株主が取締役の違法行為差止請求権を行使するための要件が、「会社に回復することができない損害が生ずるおそれ」から「会社に著しい損害が生ずるおそれ」に緩和されている（会360条1項3項）。

4　大会社の監査役の権限

　大会社とは、最終事業年度に係る貸借対照表に、資本金として計上した額が5億円以上または最終事業年度に係る貸借対照表の負債の部に計上した額の合計額が200億円以上である株式会社のことであり、公開会社か非公開会社かにかかわらず会計監査人を置かねばならず(会328条)、したがって委員会設置会社を除いて監査役を置かねばならず（会327条3項）、監査役の権限は会計監査および業務監査の双方に及ぶ。

　こうした会社では、監査役による業務監査がなされるとともに、計算書類につき会計監査人による会計監査が義務づけられる（会328条）。会計監査人は、公認会計士または監査法人の中から株主総会で選任され（会337条1項）、職業的専門家として会計監査に当たり、監査報告書を作成する（会396条）。

　このように大会社の会計監査は、会計監査人が第一次的、積極的に行い、監査役（公開会社では監査役会）の会計監査は、会計監査人の監査の方法・結果についていわば第二次的に行うもので、監査役会または各監査役は会計監査人の監査方法・結果が相当でないと認めたときに自ら監査を行うも

のである（会436条、439条）。

　また、取締役会の承認を受けた計算書類が法令および定款に従い株式会社の財産および損益の状況を正しく表示しているものとして法務省令で定める要件に該当する場合には、定時総会の承認なしに確定し、総会の報告事項となる（会439条、規116条5号、計規135条）。

　なお、大会社で公開会社（委員会設置会社を除く）は、監査役会を設置せねばならない（会328条1項）。

5　監査役会

1　監査役の員数等

　公開の大会社（委員会設置会社を除く）は、監査役3名以上でそのうち半数以上は社外監査役からなる監査役会を置かなければならない（会328条1項、335条3項）。ただし、それ以外の会社も監査役会を置くことは任意である。また監査役会は、その監査役の互選により監査役の中から常勤監査役を選定しなければならない（会390条3項）。常勤監査役および社外監査役の詳細は先述した。

2　職務権限

　監査役会とは、監査役全員で監査役会を組織することにより、監査役相互間で職務の分担ができ、かつ情報および意見を交換させて監査役の組織化、効率化を図り、その業務監査機能を実効あらしめようとするものである（会390条1項）。したがって、監査役会は、監査報告の作成、常勤の監査役の選定および解職、ならびに監査の方針、監査役会設置会社の業務および財産の状況の調査の方法その他の監査役の職務の執行に関する事項の決定を行う。ただし、その決定は各監査役の権限の行使を妨げることはできない（会390条2項）。また、監査役は、監査役会の求めがあるときは、いつでもその職務の執行の状況を監査役会に報告しなければならない（会390条4項）。

3 招集、決議

　監査役会は、各監査役が招集し、原則として監査役の過半数[*4-9]をもって決する（会393条1項）。したがって、監査役会の場合は、その会社に在任する監査役全員を基準として、原則としてその過半数が定足数であり、かつ、決議要件となる。書面決議（持回決議）、議決権代理行使等は許されない。監査役の受任者性に反するからである。また監査役会の決議要件の例外として、会計監査人の解任の決議、取締役の免責決議案などへの同意は、監査役の全員一致をもって行うものとする（会340条2項4項）。監査報告は、記載事項に関する各監査役の報告を受け、監査役会が多数決で作成する（会390条2項1号）。

*4-9　監査役会の決議は、原則として監査役の過半数をもって行うとし、例外として、会計監査人の解任の決議、取締役の免責決議案などへの同意は、監査役の全員一致をもって行う。したがって、監査役会の場合は、その会社に在任する監査役全員を基準として、原則としてその過半数が定足数であり、かつ、決議要件となる。

第6節 監査役の業務監査権限とは、どのような権限か

　調査権限として、事業報告請求権・業務財産の調査権（会381条2項）、子会社調査権（会381条3項）、勧告権限として、監査報告書の提出権（会436条）、株主総会への報告権（会384）、取締役会出席権・意見陳述権（会383条1項）、取締役（取締役会）への報告権（会382条）、取締役会の招集権（会383条2項）、是正権限として、差止請求権（会385条）、各種提訴権（会828条2項）などが認められている。

1　事業報告請求権（会381条2項）

　監査役は、いつでも取締役および会計参与ならびに支配人その他の使用人に対し事業の報告を求めることができる。また、監査範囲を会計に限定した監査役も会計に関する報告を求めることができる（会389条4項）。
1　請求の相手方
　「支配人」とは営業主に代わってその営業に関する一切の裁判上または裁判外の行為をなす権限を有する商業使用人であり（会11条）、一般的には支店長や支社長を指す。
　「使用人」とは一般的には雇用契約による被用者を指すが、契約名によらず取締役に継続的に従属する地位にあるものも含む。また嘱託、相談役、顧問等の名称の如何を問わない。しかし、顧問などが、実質的に取締役に継続的に従属していないときは、報告請求権は及ばない。
2　請求の時期
　法文上時期や時間の制限はないので（法文上は「いつでも」となっている）、通常の勤務時間外だったとしても、それが会社の業務に著しい支障を及ぼ

すような時間帯でない限り拒絶はできない。

3 請求の範囲

ある程度特定された報告請求であることが必要であるが、包括的なものでもそれが特定の事項に関するものであれば許される。たとえば、一定の類型の取引について、すべて監査役に報告を求めるような場合である。

4 報告の方法

報告は書面でも口頭でも特段の限定はないが、監査役が特に書面を要求したときは書面によらねばならないと解されている。

5 報告の拒絶

使用人が報告を拒絶した場合、現実には取締役に報告させるように請求することになるが、報告がないときは、監査報告書にその旨を記載するとともに、その拒絶が取締役の指示によるときは、取締役の職務遂行に関する法令定款違反として記載することになる。

2 業務財産調査権（会381条2項）

監査役はいつでも会社の業務および財産の状況を調査することができる。

監査範囲を会計に限定した監査役も、会社の業務および財産の状況を調査することができる（会389条5項）。

1 調査の相手方

　1 事業報告請求権1と同様である。

2 調査の時期

　2 事業報告請求権2と同様である。

3 調査の範囲

取締役が調査を拒否できる範囲は限られている。監査役の職務と関係のない個人的利益のための場合や、必要性を明らかに欠くような場合がこれに当たる。

したがって、たとえ高度の企業秘密等が調査対象であっても、それが監査に必要である以上拒否できない。高度の秘密を理由として調査を拒絶できるとすれば、大方の場合調査が否定されてしまうことにもなり、また、監査役は会社に対して守秘義務を負っているものであるから、このような者に対して高度の秘密であることは拒否の理由にならない。

3　子会社調査権（会381条3項）[*4-10]

親会社の監査役には子会社調査権が認められている。これを認めないと親会社の監査を十分に行うことができないし、子会社を利用した粉飾決算などの不正が生ずることがあるからである。この子会社調査権は監査範囲を会計に限定した監査役にも認められるが、会計に関するものに限定される（会389条5項）。

> *4-10　100％子会社は子会社調査権の対象となるか。100％子会社であっても、法律上独立した法人であり、親会社の一部をなすものではない。であれば、100％子会社であっても会社法第381条第4項により、調査を拒絶することは認められる。

1　事業報告請求権

親会社の監査役としての職務を行うために必要である限り、親会社の監査役は子会社の（代表）取締役に対して事業報告を求めることができる（会381条3項）。子会社を利用した粉飾決算等を監査するためである。

ここで子会社の（代表）取締役とした理由は、会社法第381条第3項は「子会社に対して」と規定し、会社法第381条第2項の「取締役及び会計参与並びに支配人その他の使用人に対し」の規定とは異なっている。したがって、「子会社に対し」とは子会社の代表者である（代表）取締役を指すものと考えられる。したがって子会社の支配人、その他の使用人に直接報告を求めることはできない。

2　業務財産調査権

親会社の監査役としての職務遂行に必要である限り、親会社の監査役は

子会社の業務財産の状況を調査できる（会381条3項）。親会社の監査役は、子会社に対していったん営業報告を求めることなく、直ちにその業務および財産の状況を調査することができることとしてその権限を行使しやすくするとともに、親会社の監査役が子会社の業務および財産の状況を調査したときは、その方法および結果について、監査報告書に各別に記載させることとして、監査の実効性を高めることとした。

　子会社の業務財産調査権であるが、会社法第381条第3項は「子会社の業務及び財産の状況を調査することができる」と規定している。これは会社法第381条第2項の規定と同一であるので、調査の相手方は子会社の（代表）取締役に限定されず、使用人などにも直接質問などによる調査ができるものと解する。

3　子会社の報告・調査拒否権

　子会社は「正当な理由」[*4-11]あるときは報告・調査を拒否できる（会381条4項）。

　「正当な理由」とは、親会社の監査役の報告請求がその職務に必要のない場合であるとか、それらの子会社調査権の行使が違法な場合である。これらの場合に子会社が調査に応ずる義務のないことは明らかである。したがって、本条はこの当然のことがらを注意的に明確にしたものに過ぎないと解する。その理由は、子会社が親会社の粉飾決算の手段として利用されるおそれがあることから子会社調査権が認められ、親会社監査役の監査の実効性を高めようとしているのに、子会社が営業上の秘密などの理由によって調査を拒否できるとすれば、子会社調査権が事実上無意味になってしまうからである。

> *4-11　正当な理由は、これは昭和49年改正法の国会審議の際に参議院で追加された事項である。親会社の監査役の調査権に名を借りた違法調査に対して、子会社が応ずる義務のないことはこの規定の有無にかかわらず当然のことである。したがって、この規定があえて置かれたことから考えれば、適法な調査であっても、子会社に拒絶できる場合がある旨を規定したものと考えるべきであるとする見解もある。この見解によれば、子会社の営業上の秘密を守るような

場合も正当な理由があるとされる余地がある。

4 子会社の非協力・妨害等

正当な理由なく子会社に調査を拒否された親会社の監査役は監査報告書にその旨を記載し、子会社取締役等の解任手続、過料制裁の手続きを取れる。

4 取締役の違法行為差止請求権

監査役は取締役の職務執行を監査するが、取締役の職務執行の適正を担保するためには事後監査のみでは不十分である。そこで取締役が会社の目的の範囲外の行為、法令定款違反行為をし、またはそのおそれがある場合において、その結果会社に著しい損害[*4-12]を生ずるおそれがある場合には、監査役は取締役にその行為をやめるように請求できる（会385条）。

この権限は、監査範囲限定の監査役にはない。

会社の目的の範囲は対外的には客観的に判断して決するが、これは取引の安全のためであり、取引の安全の要請が働かない事前の段階では、主観的に目的の範囲外（客観的には目的の範囲に入る行為でも、取締役が自分のために行っているような場合）のものも対象となる。

監査役は取締役に対して、直ちに裁判上または裁判外で差止請求ができるが、裁判外では目的を達しえない場合は、その取締役を被告として差止めの訴えを提起し、これに先立って当該訴を本案とする仮処分[*4-13]を申請する。

> [*4-12] 株主の差止請求の要件は「回復しがたい損害を生ずるおそれがある場合」であり、監査役の差止めの要件「著しい損害を生ずるおそれがある場合」より厳格である。これは、監査役は監査の専門家であるので、株主の場合より差止めの要件を緩やかにしたものである。また、濫用のおそれも少ないからである。
>
> [*4-13] この差止仮処分は第三者に対して公示する方法がなく、仮処分に違反して代表取締役が第三者と取引をした場合には、善意の第三者には対抗することができない。

5　各種の提訴権

　監査役に業務監査権限が認められていることから、各種の提訴権限が認められている。これも監査範囲限定の監査役にはない。

1　監査役が会社を代表してなす場合

　会社と取締役との間の訴訟である。取締役が取締役としての資格において当事者となる場合であると、個人として当事者となる場合であるとを問わない。（代表）取締役に会社を代表させては、訴訟の相手方たる取締役となれあうおそれがあるからである。

2　訴訟提起権

　株主総会決議取消の訴（会831条）、新株発行無効の訴（会828条）、減資無効の訴（会828条）、合併無効の訴（会828条）、設立無効の訴（会828条）などにおいて認められている。

　この訴訟提起権は、監査役の権限であると同時に職務上の義務でもあるから、監査役がその原因を知ったときは訴えを提起する必要があり、それを怠れば善管注意義務違反に問われる。

6　監査役の任免に関する意見陳述権

　監査役の選任解任が株主総会に議題として上程された場合、現任の監査役は株主総会において監査役の選任または解任について意見を述べることができる（会345条1項、4項）。違法性以外の適格性でもよい。意見陳述権は原則任意であるが、明らかな不適格事由があると認識しながら意見を陳述しない場合は、監査役の任務懈怠となる可能性がある。辞任を強制されるような場合も考えられるところから、監査役の辞任に関する意見陳述権も認められている（会345条2項、4項）。

7　会計監査人の選任・解任に関与する権利

　会計監査人は株主総会の決議をもって選任されるが、会計監査人選任の議案を株主総会に提出するには監査役（会）（この監査役は業務全般の権限を有する監査役でなければならない）の同意を要するし、監査役（会）は決議をもって取締役に対して会計監査人選任の議題・議案の提出を請求することもできる（会344条1項、2項）。

　会計監査人の任期は選任後1年以内に終了する事業年度のうち最終のものに関する定時株主総会の終結のときまでである（会338条1項）。そして別段の決議がなされなかったときは、その会計監査人は再任されたとみなされて任期がさらに1年内の最終決算期の定時株主総会の終結のときまで伸延される(会338条2項)。　会計監査人がその職を解かれる場合としては、株主総会による任期末における不再任の決議（会338条2項）、株主総会による解任決議（会339条1項）、監査役（会）による解任決議（会340条1項2項、4項）がある。

　いずれの場合も監査役会が不再任、解任の議案等に対する同意または解任決議という形で関与している。

第7節 監査役の職務・義務とは、どのようなものか

1 善管注意義務

　監査役と会社との間の法律関係は委任の規定に従う（会330条）から、監査役は会社に対して善良な管理者としての注意義務を負担する（民644条）。そして善管注意義務とは、会社の業務および経理等に対して相当程度の知識、経験および監査能力を有する標準型の人が監査を行うにあたり通常払うであろう注意の程度を指す。

　したがって、株主総会への不出席、取締役会への不出席、会計監査人の監査報告書への適法意見などは、善管注意義務違反として責任を問われる場合がある。この善管注意義務から監査役は株主総会に出席すべきであるが、正当な事由あるときは出席義務を負わない。確保さるべきは株主の質問に対する説明であって出席義務そのものではないから、説明義務がつくせるのであれば、必ずしも監査役全員が出席する必要はない。

2 株主総会への意見報告義務

　監査役の職務は業務監査権限一般について認められているため、株主総会に提出されるすべての議案および書類（会計に権限限定された監査役は会計に関する書類のみ。会389条3項）を調査して、法令・定款に違反しまたは著しく不当な事項があると認めたときは、株主総会にその調査の結果を報告しなければならない（会384条）。本条は定時総会に限られず、一般的に監査役の総会への報告義務を定めたものである。

3 株主総会における説明義務

　取締役、会計参与、監査役および執行役は、株主総会において議題や議案について説明する必要があるが、加えて株主の求めた特定の事項につき説明をする義務を負う。ただし、その事項が株主総会の目的である事項に関しないものである場合、その説明をすることにより株主の共同の利益を著しく害する場合（企業秘密等）、その他正当な理由がある場合として法務省令で定める場合は説明を拒否しうる（会314条）。

　株主の質問権の正当な行使を妨げたときは、総会決議の手続きに瑕疵があることになり、決議取消の事由になるので、注意を要する。

[1] 取締役、監査役等の説明義務、説明の程度

　株主には決議事項のみならず報告事項についても質問権があり、取締役、監査役等にはそれらにつき原則として説明義務がある。

　しかし、どの取締役、監査役等が説明するかは自由であり、説明補助者や顧問弁護士に説明させてもよい。しかし、まず議長が指名するのは取締役、監査役等であり、その指名された取締役、監査役等が説明補助者を使うことが許されるということである。あくまで会社法は取締役、監査役等の説明義務と規定しているからである。しかし説明補助者はあまり利用されていない。一つの理由は、説明拒否事由の①は説明義務の範囲と程度に限界があり、顧問弁護士などの専門家が答えなければならないような質問は通常説明義務の程度を超えている場合が多いからであろう。

　多数の質問事項の通知があったときは、項目ごとに分類整理して一括回答しても有効である（判例）。

[2] 説明を拒絶できる場合

　以下のような事項については質問権はなく、議長は質問を却下すべきである

　　① 会議の目的たる事項に関しないとき（説明義務の範囲と説明義務の程

度を含む）

政治的・社会的・宗教的・法律的な問題に関する一般的質問、役員のスキャンダル、将来の配当、株価動向、株主・会社間の取引、個々の役員の報酬額・賞与額、寄付金・献金の件数・相手方、交際費の件数・相手方などに関する質問。

② 株主共同の利益を著しく害するとき

開発中の新製品、製品原価、販売戦略、部門別利益、得意先明細、仕入先明細、経費支払先、交渉中の契約、締結した契約内容、継続中の訴訟事件などに関する質問。

①の場合は範囲と程度を超えて答えても構わないが、②の場合は答えてはならない。

③ その他正当な理由があるとして法務省令で定める場合

前ページを参照のこと。

4 取締役会への報告義務、出席義務および意見陳述義務

監査役は、取締役が不正の行為をし、もしくは当該行為をするおそれがあると認めるとき、または法令もしくは定款に違反する事実もしくは著しく不当な事実があると認めるときは、遅滞なく、その旨を取締役（取締役会設置会社にあっては、取締役会）に報告しなければならない（会382条）。そしてそれを実効あらしめるため、取締役会の招集権が認められている（会383条2項、3項）。

すなわち監査役はその必要のあるときは取締役に対して取締役会の招集請求をし（会383条2項）、招集を請求した日から5日以内に、その請求の日から2週間以内の日を取締役会の日とする取締役会の招集通知が発せられないときは、監査役自ら取締役会を招集できる（会383条3項）。

監査役は取締役会に出席し、必要があると認めるときは意見を述べねば

第**7**節 監査役の職務・義務とは、どのようなものか

ならない（会383条）。これは取締役会において業務執行の決定をなす場合に、違法な決議を事前に防止する機会を監査役に与える方が適当だからである。

意見陳述義務の範囲は、原則として取締役会審議事項に限られるが、取締役が会社の目的の範囲外の行為、法令定款違反行為をし、またはそのおそれがあるときは、審議事項に限らず報告し意見を述べなければならない。またその意見は適法性に関するものに限られる。

なお、この権限および義務は監査範囲限定の監査役にはない。

5 監査報告書の作成義務

監査役または監査役会は、法務省令で定めるところにより、監査報告を作成しなければならない（会381条1項、390条2項1号）。

1 監査役設置会社の監査報告

監査役設置会社の監査役は、監査の結果を株主等に報告しなければならない。そのため監査役は、各事業年度ごとに監査報告を作成し（会381条1項、規129条、計規122条、127条）、それは株主等の閲覧等に供される（会437条、442条）。監査範囲を会計に限定した監査役も監査報告を作成しなければならない（会389条2項、規107条・108条、計規122）。

2 監査役会設置会社の監査報告

監査役会設置会社においては、監査役会が各監査役の報告（監査役監査報告）を受け、監査役会が多数決で作成する（会390条2項1号、規130条1項、3項、計規123条、128条）が、ある事項に関する監査役会監査報告の内容と自己の監査役監査報告の内容が異なる場合には、各監査役は監査役会監査報告に自己の監査役監査報告の内容を付記することができる（規130条2項後段、計規123条2項後段、128条2項後段）。

第8節 監査役の会社に対する責任

1 任務懈怠責任

　監査役は善管注意義務を負っており、具体的には取締役会への報告義務、監査報告の作成義務、株主総会への報告義務、株主総会への出席・説明義務を負担し、これらに違反すれば会社に対して連帯責任を負う（会423条）。しかし、監査役は、取締役と異なり、業務執行には関わらないから、競業避止義務（会356条）、利益相反取引（会356条）等の問題は生じない。
　なお、監査役の責任追及に株主代表訴訟が認められることは取締役と同じであるが（会847条）、業務執行と無関係であるから差止請求（会360条）の問題は生じない。

2 責任の一部免除制度

　会社法では、非取締役会設置会社の監査役の任務懈怠責任につき、取締役会設置会社と同様の一部免除制度を導入した。この結果、取締役会の有無にかかわりなく、監査役の任務懈怠責任については、株主総会の特別決議、定款の定めにもとづく取締役の過半数の同意（取締役会設置会社の場合には取締役会決議）、または定款の定めにもとづく事前の責任限定契約により、一部免除することが可能になった（会425条、309条2項8号、426条、427条）。
　そこで、取締役、会計参与、監査役、執行役、または会計監査人（以下「役員等」という）の株式会社に対する損害賠償責任は以下となる。
　① 役員等は、任務懈怠による損害賠償責任を負い（会423条1項）、損

害賠償責任の免除には、総株主の同意が必要である（会424条）。
② ただし、役員等が善意かつ無重過失の場合には、株主総会の特別決議（会425条、309条2項8号）、定款の定めにもとづく、取締役を2人以上設置する監査役設置会社または委員会設置会社における、当該取締役以外の取締役の過半数の同意（ただし、取締役会設置会社の場合は取締役会決議。会426条）、または、社外取締役、会計参与、社外監査役または会計監査人との間の、定款の定めにもとづく、責任限定契約（会427条）にもとづく責任の一部免除が認められている。

以下の金額および当該役員等が有利な条件で取得した新株予約権の財産上の利益額の合計額（最低責任限度額。会425条1項）を超える部分の役員等の責任を、免除することができる。

当該役員等がその在職中に株式会社から職務執行の対価として受け、または受けるべき財産上の利益の1年間当たりの額に相当する額として法務省令で定める方法により算定される額に、次のイからハまでに掲げる役員等の区分に応じ、当該イからハまでに定める数を乗じて得た額

役員等区分	乗数
イ．代表取締役または代表執行役	6
ロ．代表取締役以外の取締役（社外取締役を除く）または代表執行役以外の執行役	4
ハ．社外取締役、会計参与、監査役または会計監査人	2

監査役には取締役の免責規定が準用されているので、詳細は取締役の箇所を参照のこと。

3　社外監査役の責任限定契約

会社法は、会計参与、社外監査役、会計監査人の地位の社外性から、会計参与および会計監査人についても社外取締役と同様の責任の一部免除を

認めるとともに、社外監査役についても社外取締役と同様に定款の定めにもとづく責任限定契約による責任の一部免除を認めた(会427条)。会社は、社外取締役、会計参与、社外監査役または会計監査人（社外取締役等）の会社法第423条第１項の責任について、当該社外取締役等が職務を行うにつき善意でかつ重大な過失がないときは、定款で定めた額の範囲内であらかじめ株式会社が定めた額と最低責任限度額とのいずれか高い額を限度とする旨の契約を社外取締役等と締結することができる旨を定款で定めることができる。

4　責任追及等の訴え（株主代表訴訟）

　会社に対する監査役の責任は、本来からいえば会社自身が追及すべきものであるが、役員間の特殊関係からその追及がなされず、その結果、会社すなわち株主の利益が害されることにもなりかねない。そこで株主に、会社の権利を代表して行使して、監査役に対して訴えを提起することを認めた。６か月前（定款で引き下げ可能。非公開会社では「６か月前より」の制限はない）より引き続き１株以上を保有する株主が、会社に対して書面により監査役の責任追及の訴えを提起するよう請求し、請求のあった日から60日以内に会社が訴えを起こさないときは、その請求をした株主は自ら監査役に対して訴えを提起できる。また、この60日の経過によって会社に回復不能の損害を与えるおそれがあるときは、直ちに訴えを提起できる（会847条１項、３項、５項）。

　株主は、責任追求等の訴えが、当該株主もしくは第三者の不正な利益をはかりまたは株式会社に損害を加えることを目的とする場合、または、責任追及等の訴えにより当該株式会社の正当な利益が著しく害されること、当該株式会社が過大な費用を負担することとなることその他これに準ずる事態が生ずることが相当の確実さをもって予測される場合には、発起人、設立時取締役、設立時監査役、役員等もしくは精算人の「責任を追求する

訴え」、「利益の返還を求める訴え」（会120条3項）、および「不公正な払込金額で株式または新株予約権を引き受けた者等に支払を求める訴え」（会212条1項、285条1項）（合わせて「責任追及等の訴え」という）を提起するよう、株式会社に請求することができない（会847条1項）。

　株式会社が株主から提訴請求を受けた場合において、請求の日から60日以内に株式会社が訴えを提起しないときは、株式会社は、提訴請求をした株主または提訴請求の対象とされた発起人、設立時取締役、設立時監査役、取締役、会計参与、監査役、執行役、会計監査人もしくは清算人からの請求により、遅滞なく、当該請求をした者に対し、訴えを提起しない理由を、書面その他法務省令で定める方法により通知しなければならない（会847条4項）。

　責任追及等の訴えを提起した株主または責任追及等の訴えに共同訴訟人として参加した株主は、会社の株式交換・株式移転または合併により当該会社の株主でなくなる場合であっても、完全子会社となる会社について係属中の責任追及等の訴えの原告が、完全親会社となる会社の株主になるとき（会851条1項1号）および合併により消滅する会社について係属中の責任追及等の訴えの原告が、合併により設立される会社または合併後の存続会社もしくはその完全親会社の株主となるとき（会851条1項2号）には原告適格を喪失しない。

第9節 監査役の第三者に対する責任

　監査役が職務を行うにつき、監査役に悪意または重過失があったとき(会429条1項)、監査報告書に記載すべき事項につき虚偽の記載をしたとき(会429条2項3号)、それによって第三者に生じた損害を賠償する責任を負う。監査役がその任務に違反した場合は、本来からいえば会社に対する関係で責任を負わされるにすぎない。監査役は会社の受任者であり、第三者に対しては、直接、なんらの契約関係にもないからである。しかしその結果、株主や会社債権者が損害を被ることを考慮し、監査役がその職務を行うにつき悪意または重過失があった場合には、監査役に第三者に対しその損害を賠償する連帯責任を負わせた。

第10節 監査役の報酬、賞与、退職慰労金

1 監査役の報酬等

　監査役の報酬等（報酬、賞与、その他の「職務執行の対価」として会社から受ける財産上の利益）は定款または株主総会の決議をもって定められる（会387条1項）。これも取締役の報酬と同様の規定であるが、取締役の報酬が株主総会で決定されるのはお手盛りの危険防止のためであるのに対し、監査役の報酬を取締役会ではなく株主総会で決定するとしたのは監査役の独立性の保障のためである。また監査役は株主総会において、その報酬について意見を陳述することができる（会387条3項）。また賞与は報酬等に含めることを立法解決した。

2 通常の報酬の決議方法

　監査役が複数人の場合は、定款または株主総会の決議で、監査役の報酬の総額または最高限度額のみが決定され、各監査役の受ける具体的金額は監査役の協議により決定すべきものとされている（会387条2項）。なぜなら、総額や最高限度額が決定されていれば会社の利益保護という会社法第387条の趣旨に反しないし、逆に同条は監査役間の公平を実現するための規定ではないからである。

3 退職慰労金の決議方法

　監査役の退職慰労金であるが、退職慰労金は在職中の職務執行の対価と

しての性格と功労加算金としての性格とが不可分に結び付いた特殊な性格の給付金と解され、退職慰労金も会社法第387条の「報酬等」に含まれる。したがって、定款に定めある場合はそれにより、ない場合は株主総会の決議によって、取締役の退職慰労金とは別にその額を定める。

　わが国では、退職慰労金については株主総会で支給することだけ決めて、一般の報酬のように最高限度額を定めることもなく、具体的金額・支払期日・支払方法などを監査役（会）に一任するのが通例である。最高限度額を決めてしまうと、実際上、個々の監査役に支給する金額も明らかになってしまい、公開の場で監査役個人の功績の論議を引き起こすことにもなるからである。

第5章
会計参与、会計監査人

第1節 会計参与

　株式会社は、定款の定めによって、会計参与を置くことができる（会326条2項）。会計参与は、株主総会の決議によって選任され（会329条1項）、取締役または執行役と共同して計算書類等を作成する（会374条1項、6項）。これにより計算書類の適正性・正確性を高めることを目的とする。

　会計監査人と会計参与が並存しうるが、会計参与が計算書類を作成する機関であるのに対し、会計監査人は作成された計算書類が会社の財産・損益の状況を正しく表しているかを監査する機関であるため、両者の役割は異なっている。

1　資　格

　会計参与は、公認会計士、監査法人、税理士または税理士法人でなければならず（会333条1項）、会社またはその子会社の取締役、監査役もしくは執行役または支配人その他の使用人、業務停止処分を受け、その停止の期間を経過しない者、または、税理士法第43条により同法第2条第2項に規定する税理士業務を行うことができない者は、会計参与となることができない（会333条3項）。

　なお、会計参与となった公認会計士または監査法人は、会計監査人を兼任することはできない（会337条3項1号）。

2　選任等

1　選解任

　会計参与は、株主総会の普通決議で選任され（会329条1項）、普通決議

により、会計参与をいつでも解任することができる（会339条1項）。会計参与の選任決議・解任決議の定足数は、定款をもってしても、議決権を行使できる株主の有する議決権の総数の3分の1未満にすることはできない（会341条）。

2 任　期

　会計参与の任期は、原則として選任後2年（委員会設置会社の場合は1年）以内に終了する事業年度のうち最終のものに関する定時総会の終結の時までとする。ただし、定款または株主総会の決議によって、その任期を短縮することを妨げない（会334条1項、332条1項、3項）。

　非公開会社（委員会設置会社を除く）については、定款で、その任期を選任後10年以内に終了する事業年度のうち最終のものに関する定時総会の終結の時まで伸長することがきる（会334条1項、332条2項）。

　下記の内容の定款変更をした場合には、会計参与の任期は、当該定款変更の効力が生じた時に満了する（会334条1項、332条4項、334条2項）。

① 委員会設置会社となる旨の定款変更
② 委員会設置を廃止する定款変更
③ 非公開会社が公開会社となる定款変更（委員会設置会社が行う場合を除く）
④ 会計参与設置を廃止する定款変更

3　職務と責任

1 職　務

　会計参与は、取締役または執行役と共同して以下の書類を作成するとともに、会計参与報告を作成する（会374条1項、6項、435条2項、441条1項、444条1項）。

　① 計算書類（貸借対照表、損益計算書その他株式会社の財産および損益の状況を示すために必要かつ適当なものとして法務省令で定めるもの）お

よびその附属明細書
② 臨時計算書類（臨時決算日における貸借対照表、臨時決算日の属する事業年度の初日から臨時決算日までの期間に係る損益計算書）
③ 会計監査人設置会社（会444条1項）の場合には連結計算書類（当該会計監査人設置会社およびその子会社からなる企業集団の財産および損益の状況を示すために必要かつ適当なものとして法務省令で定めるもの）

　会計参与は、株主総会において、計算書類等の作成に関して株主から説明を求められた場合には、当該事項について必要な説明をしなければならない（会314条）。

　また会計参与は、その職務を行うに際して取締役または執行役の職務執行に関して不正行為または法令・定款に違反する重大な事実があることを発見したときは、遅滞なく、これを株主（ただし、監査役設置会社においては監査役、監査役会設置会社においては監査役会、委員会設置会社においては監査委員会）に報告しなければならない（会375条）。

　さらに取締役会設置会社の会計参与は、計算書類等を承認する取締役会に出席し、必要があるときは意見を述べる義務を負う（会376条）。

　また会計参与は、計算書類等の作成に関する事項について、取締役または執行役と意見を異にするときは、株主総会において意見を述べることができる（会377条）。

　さらに会計参与は、各事業年度に係る計算書類等を、定時株主総会の日の1週間前（取締役会設置会社では2週間前）の日から5年間、当該会計参与が定めた場所に備え置かねばならない（会378条）。

2 責 任

　会計参与は、その任務を怠った場合には株式会社に対して損害賠償責任を負う（会423条1項）。会計参与の株式会社に対する責任の一部免除については、社外取締役と同様である（会425条1項1号）。

　会計参与は、その職務を行うにつき悪意または重過失があったときは、これによって第三者に生じた損害を賠償する責任を負う。計算書類等に記

載すべき重要な事項について虚偽の記載があった場合も同様である（ただし、会計参与が注意を怠らなかったことを証明した場合を除く）（会429条1項、2項2号）。

そして会計参与の株式会社に対する責任は、株主代表訴訟の対象になる（会847条）。

第2節 会計監査人

　大会社および委員会設置会社は、会計監査人を置かなければならない（会328条、327条5項）。会計監査を、会計の専門家によって徹底させるためである。それ以外の会社は、定款の定めにより、会計監査人を置くことができる（会326条2項）。この任意の設置により、自社の計算書類の適正さを客観的に確保し、資金調達などを円滑に行ったりすることが可能になる。
　会計監査人設置会社（委員会設置会社を除く）は、監査役を置かなければならず（会327条3項）、会計監査人設置会社は監査役の権限を会計に関するものに限定することはできない（会389条1項）。
　会計監査人は、会社の計算書類およびその附属明細書、臨時計算書類ならびに連結計算書類を監査する（会396条1項）。大会社では、決算の監査をさせなければならない（会328条）。
　また、会計監査人の株式会社に対する責任について、社外取締役と同様の一部免除制度がある（会425条～427条）。

1　資　格

　会計監査人は、公認会計士または監査法人でなければならず（会337条1項）、公認会計士法の規定により計算書類について監査をすることができない者等の法定の欠格事由のない者でなければならない（会337条3項）。

2　選任等

[1] 選　任

　会計監査人は、株主総会の決議によって選任する（会329条1項）。取締

役が、会計監査人の選任に関する議案を株主総会に提出するには、監査役（監査役が2人以上ある場合にあっては、その過半数）の同意を得なければならない（会344条1項1号）。また監査役は、取締役に対し、会計監査人の選任に関する議案を株主総会に提出すること、または会計監査人の選任を株主総会の目的とすることを請求することができる（会344条2項1号、2号）。会計監査人は、株主総会において、会計監査人の選任について意見を述べることができる。いずれも取締役からの独立性を確保するための規定である。

2 任　期

　会計監査人の任期は、選任後1年以内に終了する事業年度のうち最終のものに関する定時株主総会の終結の時までであり、その定時株主総会において別段の決議がされなかったときは再任されたものとみなされる（会338条1項、2項）。

3 終　任

　会社は、株主総会の普通決議をもっていつでも会計監査人を再任しなかったり解任したりすることができるが、監査役設置会社においては、取締役は、会計監査人を再任しないことを株主総会の目的としたり、会計監査人の解任を株主総会の目的とするには、監査役（監査役が2人以上ある場合にあっては、その過半数。監査役会設置会社では監査役会の決議）の同意を得なければならない（会344条1項）。また、監査役（監査役会）は、取締役に対し、会計監査人を再任しないことを株主総会の目的とすることや、会計監査人の解任を株主総会の目的とすることを請求することができる（会344条2項）。

　加えて、監査役は（監査役が2人以上ある場合には監査役の全員の同意）、会計監査人が職務上の義務に違反しまたは職務を怠ったとき、会計監査人としてふさわしくない非行があったとき、または心身の故障のため職務の執行に支障がありもしくはこれに堪えないときは、その会計監査人を解任することができるが、この場合には、監査役（監査役が2人以上ある場合

には監査役の互選によって定めた監査役）は、その旨および解任の理由を解任後最初に招集される株主総会に報告しなければならない（会340条1項〜3項）。

なお、会計監査人設置会社が会計監査人を置く旨の定款の定めを廃止する定款の変更をした場合には、会計監査人の任期は定款の変更の効力が生じた時に満了する（会338条3項）。

3 職　務

　会計監査人は会社の会計監査の業務を行う、監査役とは独立した外部の監査人である。また、会計監査人は、会社と監査契約を締結した契約当事者として会社と対等な立場にあるものであり、監査役の補助を勤めるものではない。したがって、監査役は、会計監査人に対して指揮命令をする立場にはなく、会計監査人の任務懈怠や監査報告書の内容などについて責任を負うものではない。しかし、監査役が、会計監査人の監査報告書の内容について相当であるか否かの判断を誤った場合は、監査役としての任務懈怠の責任を問われることはある。

　会計監査人は、会社の計算書類およびその附属明細書、臨時計算書類ならびに連結計算書類を監査し、法務省令で定めるところにより会計監査報告を作成しなければならない（会396条1項）。そしてそのために、会計監査人は、いつでも、会計帳簿、資料等を閲覧謄写し、または取締役、会計参与、支配人その他の使用人に対し、会計に関する報告を求めることができるし（会396条2項）、その職務を行うため必要があるときは、会社の業務および財産の状況の調査をすることができる（会396条3項）。さらに、子会社に対して会計に関する報告を求め、または子会社の業務および財産の状況の調査をすることができる（会396条3項）。その場合、子会社は正当な理由があるときは報告または調査を拒むことができる（会396条4項）。

　さらに会計監査人は、その職務を行うに際して取締役の職務の執行に関

し不正の行為または法令定款に違反する重大な事実があることを発見したときは、遅滞なく、これを監査役（監査役会設置会社においては監査役会）に報告しなければならず（会397条1項）、逆に監査役は、その職務を行うため必要があるときは、会計監査人に対し、その監査に関する報告を求めることができる（会397条2項）。

4 責 任

　会計監査人の会社に対する責任は、責任追及等の訴え（株主代表訴訟）の対象となる。すなわち会計監査人は、その任務を怠ったときは、株式会社に対し、これによって生じた損害を賠償する責任を負う（会847条1項、423条1項）。この責任は原則として総株主の同意がなければ免除できないが（会424条）、会計監査人の社外性に鑑み、社外取締役と同様の一部免除制度が認められている（会425条～427条）。また、会計監査人の責任も役員等の責任追及等の訴えの対象となる（会847条）。

■著者紹介

矢野　千秋（やの・ちあき）
弁護士
昭和46年　東京大学工学部応用化学科卒業
同年 6 年　同大学宮内研究室入室
昭和56年　司法試験合格
　　59年　弁護士登録（専門・民商事および知的財産権）
平成 4 年　米国の人名辞典 "WHO'S WHO IN TNE WORLD" に掲載さる
　　 5 年　英国の人名辞典 "DICTIONARY OF INTERNATIONAL BIOGRAPHY" 掲載さる
　　 9 年　神奈川大学講師（商法）
平成22年　矢野総合法律事務所開設
平成 7 年以降企業向けビジネスセミナー講師（三井住友銀行、三菱東京 UFJ 銀行、みずほ銀行、日本経済新聞など）を務める。主な著作として『新会社法の基礎と重要ポイント』（清文社刊）、『企業実務のための知的財産法入門』（民事法研究会）などがある。

株主総会・取締役会・監査役　会社機関の運営と基礎知識

2011年 3 月30日　発行

編　者　　矢野　千秋 Ⓒ

発行者　　小泉　定裕

発行所　　株式会社 清文社

東京都千代田区内神田 1 - 6 - 6 （MIF ビル）
〒101-0047　電話 03（6273）7946　FAX 03（3518）0299
大阪市北区天神橋 2 丁目北 2 - 6 （大和南森町ビル）
〒530-0041　電話 06（6135）4050　FAX 06（6135）4059
URL http://www.skattsei.co.jp/

印刷：亜細亜印刷㈱

■著作権法により無断複写複製は禁止されています。落丁本・乱丁本はお取り替えします。
■本書の内容に関するお問い合わせは編集部まで FAX （03-3518-8864）でお願いします。

ISBN978-4-433-54840-7

株主総会シリーズのご案内

平成23年版 取締役・監査役必携
株主総会の財務会計に関する想定問答

公認会計士 太田 達也／弁護士 鳥飼 重和 著

株主総会において最も重要・難解な
「財務会計分野」に特化した画期的Q&A集！

■A5判436頁／定価2,940円（税込）

株主総会・取締役会・監査役会
議事録作成の実務【第3版】

中央三井信託銀行 証券代行部 編

コーポレート・ガバナンス体制の強化が求められるなか
重要性を増す議事録作成実務に必携の1冊！

■A5判466頁／定価3,780円（税込）

役員のための
株主総会対策の鉄則
重要チェックポイント66

弁護士 櫻井 喜久司 著

短時間で株主総会の基礎がわかる！
イラストや頻出セリフにより具体的に解説。

■A5判204頁／定価1,890円（税込）

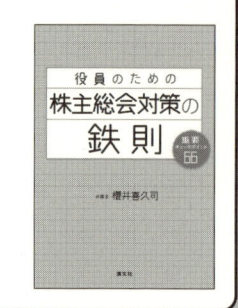

＊お買い求め・お問い合せは下記までお願いします。
（株）清文社　Tel. 03-6273-7946　Fax. 03-3518-0299　http：//www.skattsei.co.jp